物流职业能力培养系列教材——国家示范性高等职业院校推荐教材

采购与供应实务

（教师用书）

主编　张　彤

中国物资出版社

图书在版编目（CIP）数据

采购与供应实务 / 张彤主编 . —北京：中国物资出版社，2012. 7
物流职业能力培养系列教材　国家示范性高等职业院校推荐教材 . 教师用书
ISBN 978 - 7 - 5047 - 4341 - 1

Ⅰ. ①采…　Ⅱ. ①张…　Ⅲ. ①采购管理—高等职业教育—教学参考资料 ②物资供应—物资管理—高等职业教育—教学参考资料　Ⅳ. ①F252

中国版本图书馆 CIP 数据核字（2012）第 131827 号

策划编辑　马　军　　**责任印制**　何崇杭　王　洁
责任编辑　马　军　王泽宁　　**责任校对**　孙会香　梁　凡

出版发行　中国物资出版社
社　　址　北京市丰台区南四环西路 188 号 5 区 20 楼　　**邮政编码**　100070
电　　话　010 - 52227568（发行部）　010 - 52227588 转 307（总编室）
010 - 68589540（读者服务部）　010 - 52227588 转 305（质检部）
网　　址　http：//www. clph. cn
经　　销　新华书店
印　　刷　中国农业出版社印刷厂
书　　号　ISBN 978 - 7 - 5047 - 4341 - 1/F · 1789
开　　本　787mm × 1092mm　1/16　　**版　　次**　2012 年 7 月第 1 版
印　　张　12. 25　　**印　　次**　2012 年 7 月第 1 次印刷
字　　数　298 千字　　**定　　价**　28. 00 元

丛书顾问委员会

丛书编写委员会

总　序

近年来，高等职业教育在工学结合人才培养模式和课程建设的改革方面取得了巨大成就。随着教学改革的深入，教材建设和改革的任务更加迫切。高等职业教育的教材同样不能是“发面馒头”或“压缩饼干”，要通过创新，建设适应高等职业教育教学规律的教材。教材与课程紧密相关，教材是课程的物化。高等职业教育课程特点为：在教学目标方面，培养职业道德素质和综合职业能力；在教学内容方面，选取与区域经济密切相关的工作任务作为教学内容的载体；在教学方法方面，采用以学生为中心、教学做一体的行动导向教学法。因此，高等职业教育的教材，同样要体现这些特征。

北京电子科技职业学院以服务首都经济发展为目标，培养高素质技能型专门人才为己任。通过国家示范性高等职业院校建设，各方面取得了巨大成就。系统性的教学改革和专业建设是其特色之一。物流管理专业的教材编写工作，是在对专业课程体系综合、系统的改革基础上进行的。目前已经完成若干课程系列教材的编写工作。本套系列教材具有以下特色：

（1）通过校企合作、工学结合的方式开展教材编写工作。在教材编写过程中，调研了典型企业，选取企业的典型案例。召开了企业专家研讨会，教师与企业专家共同研究编写方案。企业专家亲自参与教材的编写工作和审稿工作，保证了教材内容符合企业对人才的需要。

（2）内容和形式有所创新，反映了近年来高等职业教育改革的成就。教材打破了学科体系讲授式的编写方法，以项目、案例作为载体贯穿教材。通过项目、案例的教学活动，不仅使学生能够直观了解企业的物流活动，更有助于学生通过具体的工作流程和工作任务，将实践体会抽象概括为普适性理论知识，再用于指导新的实践工作。培养学生举一反三、触类旁通的能力。

项目、案例的前后安排逻辑性强，按照由简单到复杂、由单一到综合的递进关系编排。符合认知规律和职业能力的培养规律，有助于学生循序渐进地学习。

在每个项目、案例前后，配以引导性说明和知识讲解，便于在实践性知识学习后的理论知识学习，体现了理论、实践一体的思想。

（3）突出服务区域经济。教材选取的项目、案例具有很强的首都经济特点。例如，选取IT企业的物流项目，是具有北京经济特色的物流项目——易通公司的物流项目。该企业本身就是北京的企业。选取这样的内容，不仅有利于在教学过程中安排到相关企业开展实践性教学活动，也有助于学生在就业后能很快地熟悉并掌握业务，实现学习与工作的有机结合。

（4）编写不同用途的教材。传统的教材一般都是学生、教师共用一本教科书，教师授课需要自己找资料。这套教材，除了学生用书外，还有教师用书。因此不仅极大地方便了教师授课的需要，同时还能够起到资源共享的作用，为教师授课提供了便利。

尽管我国高等职业教育改革取得了很大成就，但仍有许多需要改进之处，教材建设也不例外。伴随着不断的实践，本套教材也需要科学发展，日臻完善。

北京电子科技职业学院物流管理专业的马骏老师，在编写过程中做了大量组织协调工作，特别是联络了一批企业专家参与，并且马骏老师和我经常一起讨论德国物流职业教育的问题，尝试借鉴国外的经验。本套教材的完成，是马骏等老师和企业专家共同努力的成果。

希望参与工作的老师和专家再接再厉，不断修订完善，为我国物流职业教育的发展作出更大的贡献。

陈 东

2010 年 7 月

前　言

《采购与供应实务》教材的编写是根据人才培养目标和教学改革的需要，树立以“任务驱动”、“工作过程为导向”的全新理念，突出实践技能的培养，通过从企业采购业务中的各个实践环节出发，以完成工作任务为切入点，结合完成任务所需的采购管理的基本知识，经过不断训练，将知识转化为技能。

本书是与《采购与供应实务》教材相配套的教师用书，旨在为使用该教材的教师和培训人员提供教学资源库。本书包括四个部分：第一部分是采购人员的典型工作任务分析，详细分析了采购人员入职后应该完成的工作任务，该部分是配套教材设计学习情境和学习任务的重要依据，也是本课程技能训练的目标；第二部分是课程标准，对课程的定位、课程的设计思路、课程的总体目标、课程的学习内容及要求做了较全面的阐述，并对教学实施和教学评价提出建议；第三部分是教学项目设计，该部分对配套教材的知识导入和六个学习情境的教学活动进行了完整的设计，主要包括教学目标的设定、学时的分配、教学的重点和难点及其解决策略、教学的组织与安排、教学的工具和载体以及在教学过程中对学生和教师提出的较为具体的要求；本书在每一个学习情境中都提供了完整的实训项目，包括实训项目素材、组织和评估指标等内容，便于教师组织学生进行技能训练。此外，还提供了经典案例，便于教师教学时使用，也可作为学生课后阅读材料；第四部分是采购电子表单，该部分主要是为了便于教师的教学而提供的一些完成采购工作任务所需要的采购单据和表格。

本书由北京电子科技职业学院教师张彤主编，负责本书的整体框架的设计、各部分资料的整理和编写。另外企业专家也提供了部分学习情境的技能训练素材和相关资料，其中田东提供了学习情境一和学习情境二的相关资料，贾国震提供了学习情境三和学习情境五的相关资料，王蔚鹏提供了学习情境四的相关资料。

在本书编写过程中，参阅了大量国内外公开发表和出版的文献资料，在此谨向原著作者表示诚挚的敬意和由衷的感谢。同时感谢中国物资出版社对本书出版的大力支持和帮助。

由于编写人员水平有限，成稿时间较仓促，书中难免有不足之处，恳请各位专家和读者批评指正，以便我们不断完善。

编　者

2012 年 2 月

目　录

第一部分　采购人员的典型工作任务分析

作为一名采购人员，首先应该明确岗位工作的内容和事项，从而才能够清楚地知道应该承担哪些责任，拥有怎样的义务；其次应该清楚每项工作应该如何处理，有着怎样的工作流程和处理的方法与技巧。因此对采购人员的工作任务进行分析必要且重要。

采购人员应该会做八件事情：分析采购需求；制订采购计划；进行采购谈判；履行采购合同；管理供应商；控制采购；管理采购信息；评价采购。

一、分析采购需求

(一) 进行采购市场调查

进行采购前期的市场调查工作应知应会五件事情：拟订采购市场调查方案；设计采购市场调查问卷；实施采购调查；进行分析和预测；撰写采购市场调查报告。

具体事项如下：

(1) 根据需求情况，制订市场调查方案。调查工作包括资源市场调查、企业外部环境调查、企业内部条件调查、供应市场调查。

(2) 针对物料、供应市场的情况，分别设计市场调查问卷。

(3) 收回市场调查问卷，将其进行整理、统计、分析，制作调查记录卡、厂商资料卡、材料比价单等表单。

(4) 制定分析竞争对手的框架，选择分析竞争对手的方法，对竞争对手进行分析。

(5) 制定预测的步骤，选择预测的方法，对价格变化进行预测。

(6) 了解市场行情分析的内容，设置分析市场行情的指标，对市场行情的变化程度、运行趋势进行分析。

(7) 针对以上调查分析撰写调查报告。

(二) 确定采购需求

确定采购需求应知应会的五件事情：分析销售计划和生产计划；汇总物料清单、分析库存状态文件；接收、处理请购单；分析物料需求计划和制造资源计划；综合确定采购需求量。

具体事项如下：

(1) 根据生产计划表、采购通知单、销售预测表等资料，分析生产计划和销售计划。

(2) 明确物料需求计划的含义以及物料需求计划与其他计划之间的关系，分析物料需求，分析制造资源计划。

（3）分析经营计划、消耗定额、需求报表，根据分析情况制定准购单。

（4）根据企业内部环境、生产计划以及销售预测等的变化，预测中长期需求变化，进而修订采购计划。

二、制订采购计划

（一）编制采购计划

编制采购计划应知应会的十件事情：编制原材料采购计划；编制零部件采购计划；编制设备采购计划；编制商品采购计划；制订采购商品结构优化方案；确定采购经济批量；制订采购成本计划和采购预算；制订业务外包方案；制定采购政策；编制采购手册。

具体事项如下：

（1）了解原材料采购的特征，规划原材料采购流程，制订原材料采购计划。

（2）明确零部件的范围，规划零部件采购流程，制订零部件采购计划。

（3）了解设备采购的特征，规划设备采购流程，制订设备采购计划。

（4）根据商品准购单，制订商品采购计划和采购计划表。

（5）根据以上采购计划的内容，编制年度采购计划和采购计划表。

（6）结合企业内外部环境变化，制订采购商品结构优化方案。

（7）明确经济订购批量的基本原理，掌握经济订购批量的计算公式，确定采购经济批量的计算公式，确定采购经济批量。

（8）分析采购成本及影响采购成本的主要因素，掌握采购成本的控制策略。选择采购成本控制的方法，分析预算，编制采购预算。

（9）明确决定自制/外包的步骤，确定业务外包的方案，制定公司外包单。

（10）了解采购手册的基本内容与架构，确定编写采购手册的程序，编制采购手册。

（二）分解和调整采购计划

分解与调整采购计划应知应会的两件事情：分解采购计划；调整采购计划。

具体事项如下：

（1）根据年度计划，编制分期采购计划，确定月度计划制订的程序，制订月度采购计划表。

（2）根据月度采购计划表，编制采购计划明细表。

（3）制定采购月报表、采购进度控制表，根据情况调整采购计划。

三、进行采购谈判

（一）选择供应商

选择供应商应知应会的三件事情：寻找供应商；调查供应商；确定供应商。

具体事项如下：

（1）确定采购信息的内容，选择发布采购信息的方式，发布采购信息。

（2）收集供应商的信息，索取供应商资料，对供应商进行调查，制定征求建议书。

（3）确定供应商评价的标准，对供应商进行评审，确定评价和选择供应商步骤，提供供应商选择方案。

（4）搜集采购谈判的资料，对资料进行分析，制定采购订单。

（二）采购谈判

采购谈判应知应会的两件事情：确定采购谈判方案；进行采购谈判。

具体事项如下：

（1）制订谈判框架、计划，确定谈判方案。

（2）了解、选择、确定采购方式。

（3）制定实施招标采购的流程，制定物料投标须知及标单准备招标文件，发布招标通告。

（4）了解订货会流程，组织国内外订货会。

（5）掌握国际商务谈判的基本形式，准备国际商务谈判，确定谈判的内容、程序，进行国际采购谈判。

（6）了解期货采购、期货交易的程序，制订期货交易方案。

（7）确定评估的内容，制定供应商评估矩阵，对谈判进行评估。

（三）签订采购合同

签订采购合同应知应会的两件事情：拟订采购合同文本；签订采购合同。具体事项如下：

（1）编写采购合同，制定采购订单合同模板。

（2）审查采购合同，对合同进行管理。

（3）了解进出口贸易的基本业务程序，签订进出口合同。

（4）明确采购协议的内容，了解签订采购合同的原则，掌握采购协议签订要点，签订合同。

四、履行采购合同

（一）订单管理

订单管理应知应会的四件事情：编制采购订单；出具采购订单；跟踪采购订单；订单存档管理。具体事项如下：

确认采购订单，制定产品采购记录，对国外物料的采购状况进行控制，对采购订单进行传递和归档。

(二) 进货验收

进货验收应知应会的三件事情：做好验收准备；组织货物验收；验收结果处理与记录。

具体事项如下：

(1) 明确运输要求，选择承运人，制订运输战略的决策框架和运输方案。

(2) 了解降低采购费用的途径，了解控制采购费用的方法；制定采购费用审批程序，控制采购费用。

(3) 接收物料，制定收货单，对物料进行检验；制定进料验收单、验收报告单、来料检验月报表。

(三) 货款支付

货款支付应知应会的三件事情：办理预付款；办理分期付款；办理延期付款。

具体事项如下：

明确采购请付款流程，制定采购付款申请模板，进行付款操作。

(四) 违约处理

违约处理应知应会的两件事情：判定违约情况；违约处理的具体实施。

具体事项如下：

在采购合同履行的过程中，处理由于市场、供应商生产能力等方面的原因出现的各种供应商拒绝交货、不适当交货以及拒绝或迟交单证、资料等违约情况。

五、管理供应商

(一) 供应商关系管理

供应商关系管理应知应会的三件事情：供应商关系维护管理；供应商档案管理；处理采购纠纷。

具体事项如下：

(1) 确定审查供应商提供的资料和信息的内容，对资料进行审查，制定供应商资料表。

(2) 确定创建供应商档案的流程，建立供应商关系管理档案，掌握供应商关系策略。

(3) 确定评审、考核供应商的流程，建立供应商等级系统，对供应商进行分级管理。

(4) 了解采购违约的种类、形式以及免责事由，确定采购违约的处理措施，制定纠纷处理方案。

(5) 区分索赔和理赔的含义，明确采购方向供应商索赔的事由和供应商向采购方理赔的方式，制订供应商的经济补偿方案。

（二）供应商绩效评估

供应商绩效评估应知应会的两件事情：建立供应商绩效评估体系；评估供应商。

具体事项如下：

（1）制定价格、质量、交货、服务等供应商绩效指标。

（2）明确供应商绩效管理的内容，制订并实施供应商绩效管理方案。

六、控制采购

（一）控制采购质量

控制采购质量应知应会的两件事情：制定商品质量控制标准；实施采购流程质量控制。

具体事项如下：

（1）明确采购商品质量管理与控制的依据，确定采购商品质量管理与控制的方法、货物检查的一般程序、进口物资的商检与索赔程序。

（2）制定商品检验说明节、商品检验委托单，填写商品送检单。

（3）了解统计质量缺陷的过程，制定破损报告单、材料报损单、采购损失报告。

（4）明确不合格品的质量责任，对不合格品进行处理，制定损失索赔通知卡。

（5）制定退货申请书、退货单，办理退货事宜。

（二）控制采购价格

控制采购价格应知应会的三件事情：开展采购价格调查；掌握供应商定价策略；确定商品的价格底价。

具体事项如下：

（1）准备价格调查资料，实施采购价格调查。

（2）分析供应商的材料成本，掌握供应商定价策略。

（3）搜集企业产品资料，确定商品的采购底价。

（三）控制采购交期

控制采购交期应知应会的三件事情：合理确定交货期限；及时掌握备货进度；进行交期延误管理。

具体事项如下：

（1）规划购运时间，确定交货期限，明确交期违约责任。

（2）及时掌握备货进度，消除进度落后现象。

（3）通过分析交期延误原因，处理交期延误事宜，进行交期延误管理。

（四）控制采购成本

控制采购成本应知应会的四件事情：优化采购计划制订过程；缩减采购流程成本支出；实施低成本的采购策略；强化采购人员日常管理。

具体事项如下：

（1）节约采购需求调查成本，降低采购计划制订成本。

（2）通过实施采购程序化控制、降低供应商管理成本和积极进行损失的索赔，缩减采购流程的成本支出。

（3）熟悉各种降低采购成本的策略，明确招标采购、联合规模采购、集中买断采购、电子商务采购等各种采购方式的适用范围与优缺点，有效降低采购成本。

（4）明晰采购人员权责，强化采购人员日常管理工作，杜绝业务的违规运作。

七、管理采购信息

（一）评估采购管理信息化方案

评估采购管理信息化方案应知应会的三件事情：收集和保存采购信息；编制采购信息分析报告；论证采购管理信息化可行方案。

具体事项如下：

（1）明确采购作业电子化的含义，根据采购部门的具体情况编制采购信息分析报告。

（2）收集信息、数据，对采购管理信息化方案进行论证。

（二）建立采购管理信息系统

建立采购管理信息系统应知应会的三件事情：制订采购信息管理系统建设规划；建立采购管理信息系统；改进采购管理信息系统。

具体事项如下：

（1）根据具体情况，确定采购信息系统的构成、电子采购系统的架构，制订采购管理信息系统建设规划。

（2）确定建立采购管理信息系统的步骤以及具体操作，建设采购管理信息。

（3）发现现有系统的不足并加以改进。

八、评价采购

（一）评估采购绩效

评估采购绩效应知应会的两件事情：建立采购绩效评估指标体系；实施采购绩效评估。

具体事项如下：

（1）建立数量、质量、时间、价格、采购效率等评估采购过程的指标体系。

（2）明确采购绩效评估的一般做法，实施采购绩效评估。

(二) 考核采购人员的工作绩效

考核采购人员的工作绩效应知应会的两件事情：熟悉采购人员绩效考核的基本制度；实施工作绩效考核。

具体事项如下：

（1）熟悉包括考核范围、考核实施主体职责、考核指标、考核结果处理等内容的采购人员绩效考核制度。

（2）按照考核指标对采购人员的工作表现进行客观公正的评价。

第二部分　课程标准

一、课程定位

“采购与供应管理”是物流管理专业的核心课程之一，是国际商务、国际货运、涉外连锁等专业的必修课程，在物流专业课程体系中起到承上启下的作用。本课程的前导课程为“供应链管理”、“现代物流概论”、“运输与配送管理”、“仓储管理”、“国际物流与货运代理”等，学生通过前导课程的学习，为本课程的学习奠定理论基础。同时本课程又是学习“物流数据统计与分析”、“物流综合实训”等课程的基础。

本课程可以帮助学生奠定坚实的物流岗位职业通用能力，同时又可以培养学生重要的岗位技能。

二、课程设计

“采购与供应管理”课程以采购人员典型的工作任务和岗位职责的能力要求为目标，培养具有现代物流采购理念、掌握物流采购知识和技能的采购管理人才，尽量缩短或消除学生自身能力与企业要求之间的距离。因此本课程打破原有的以理论为主的内容结构，从企业采购业务实践环节出发，以工作任务为中心设计课程内容。学生通过完成具体任务来掌握理论知识，经过不断训练，将知识转化为技能，从而实现了“做中学、学中做、学中教”。

经过与行业专家深入细致的探讨和分析，确定本课程以工作过程为导向，以采购流程为主线，按照采购人员的岗位技能要求，设计知识导入和六个学习情境：采购、供应和采购管理；分析采购需求；制订采购计划；实施采购；控制采购；管理供应商；评价采购。每个学习情境都包括若干个工作任务，每个工作任务都涵盖了任务描述、知识准备、任务实施、实训项目等内容。每个学习情境中都贯穿着两条链：任务链和知识链，将知识链隐含在任务链中，形成一个有机的任务系统。工作任务的设计体现了岗位技能要求，突出了岗位技能的训练，同时也帮助学生从散点知识向知识的整体性转化。

三、课程目标

通过本课程学习，使学生熟悉企业日常采购的基本流程和各个采购岗位的工作内容及要求，掌握主要采购方式的原理和特点、采购各个环节内容和方法，培养学生树立现代采购与供应理念，具备对采购过程的计划、实施、控制和评价的能力以及对供应商的管理能力，形成良好的职业道德和严谨、规范的工作作风。

（一）知识目标

（1）掌握采购管理的基本内容。
（2）掌握主要采购方式的原理及特点。
（3）了解供应市场环境分析的内容。
（4）掌握供应商管理的原则与方法。
（5）熟悉采购合同的内容与格式。
（6）掌握采购监控的基本内容。

（二）能力目标

1. 专业能力目标
（1）采购市场调查及需求分析能力 。
（2）采购预算能力及计划编制能力。
（3）供应商选择能力。
（4）采购谈判能力。
（5）采购合同签订能力。
（6）订单管理能力。
（7）进货验收、支付货款等专业技能。
（8）采购质量、价格、成本和交货期的控制能力。
（9）对采购工作绩效和供应商绩效的评价能力。
2. 社会能力目标
（1）具有敏锐的观察力。
（2）具有良好的沟通能力。
（3）具有团队精神，善于与他人合作。
（4）具有开拓创新能力。

（三）素质目标

（1）坚持以诚信为准则，谴责任何形式的不道德商业行为。
（2）诚实地对待供应商和其他有业务往来的客户。
（3）规避一切可能危害商业交易公平性的利益冲突。
（4）保持高水准的个人道德情操。

四、教学起点

本课程的前导课程为“供应链管理”、“现代物流概论”、“运输与配送管理”、“仓储管理”、“国际物流与货运代理”等。通过前导课程的学习，学生已经具备了以下的知识和技能：
（1）掌握供应链管理的基本理论和基本方法。
（2）掌握物流管理的基本理论和基本方法。

（3）熟悉运输与配送的基本流程和操作方法。

（4）熟悉仓储管理的基本理论和基本方法。

（5）熟悉国际物流的运行规律以及货运代理流程和方法。

（6）能够用供应链管理的理论分析企业采购管理的问题。

（7）能够运用物流学的基本理论和方法分析采购流程。

五、课程内容与要求（见表2－1）

表2－1　课程内容与要求

课程内容	学习型工作任务	知识内容和要求	技能内容和要求
知识导入 采购、供应和采购管理	1. 采购的概念、类型、程序 2. 供应的概念 3. 供应与采购的关系 4. 采购管理的概念、目标、内容 5. 采购管理与采购的关系 6. 采购管理的发展趋势	1. 掌握采购和采购管理的概念 2. 理解采购与供应的关系 3. 理解采购与采购管理的异同 4. 熟悉采购的基本作业流程 5. 熟悉采购管理的基本内容 6. 了解采购类型和采购方式 7. 了解采购管理的发展趋势	1. 具备供应链采购管理理念 2. 用所学的理论知识评价企业的采购管理 3. 能够把握采购与供应管理的发展趋势
学习情境一 分析采购需求	任务1　定义采购需求 任务2　拟订采购市场调查方案 任务3　设计采购市场调查问卷与市场调查实施 任务4　分析整理调查数据 任务5　撰写调查报告	1. 了解定义采购需求时所使用的各种规格及特点 2. 掌握采购市场调查方法 3. 了解调查问卷的内容及形式 4. 了解分析定性数据和定量数据的工具 5. 了解把定性数据转变为定量数据的方法 6. 了解调查报告的格式及内容	1. 能够用合适的规格对需求进行定义 2. 能够设计市场调查问卷 3. 能够进行采购市场调查 4. 能够分析、整理采购市场调查相关数据与信息 5. 能够撰写采购调查报告
学习情境二 制订采购计划	任务1　把销售计划转变为生产计划 任务2　编制中长期采购计划 任务3　根据其他部门的计划制订采购计划 任务4　制定短期采购决策 任务5　制定相关需求的采购决策	1. 掌握制订采购计划的基本方法 2. 熟悉编制采购计划所需要的基础数据 3. 了解其他部门的业务计划与采购计划的关系 4. 掌握确定采购数量与采购时间的方法 5. 了解日常采购决策对组织的影响 6. 掌握短期采购决策中使用的订货模型	1. 能够对销售计划、生产计划、库存资料进行分析 2. 能够将销售计划转化为生产计划 3. 能够根据生产计划制订采购计划 4. 能够应用订货模型进行采购决策

续 表

课程内容	学习型工作任务	知识内容和要求	技能内容和要求
学习情境三 实施采购	任务1 制定采购文件 任务2 进行采购谈判 任务3 签订采购合同 任务4 履行采购合同	1. 理解采购实施过程 2. 理解采购合同基本条款的含义 3. 了解采购谈判的原则和特点 4. 掌握采购谈判的内容和程序 5. 掌握采购合同的格式和内容 6. 熟悉采购合同签订和履行过程 7. 掌握合同履行过程中的主要管理内容	1. 能够独立编制采购文件 2. 能够运用谈判策略和技巧与供应商进行谈判 3. 能够拟定采购合同 4. 能够根据合同条款监督合同执行情况 5. 能够运用正确的方法和措施解决合同纠纷
学习情境四 控制采购	任务1 控制采购质量 任务2 控制采购价格 任务3 控制采购进度 任务4 控制采购成本	1. 理解质量特点和质量规范 2. 掌握质量标准和工具 3. 掌握价格调查分析方法 4. 能够对采购价格的浮动实施控制 5. 掌握供应商审核和采购流程质量控制 6. 理解不同的前置期及对交期影响 7. 能够合理确定交货期，及时掌握备货进度 8. 掌握交期延误原因，并进行交期管理 9. 掌握采购成本分析方法	1. 能够使用规格书或工作说明书定义采购需求的质量要求 2. 能够选用适当的质量工具和质量检验确保采购质量的稳定和提高 3. 能够运用合适的价格调查方式和价格对比分析来保证合理价格 4. 能够根据供应商的定价机制确定价格是否合理，对采购价格的浮动实施控制 5. 能够控制合理的采购前置期，降低对采购交付时间的影响 6. 能够有效管理采购进程，应对交期延误及改进 7. 能够对采购成本进行分析确定合理成本，优化采购计划成本 8. 能够选择降低成本的采购战略

续 表

课程内容	学习型工作任务	知识内容和要求	技能内容和要求
学习情境五 管理供应商	任务1　供应商的审核 任务2　供应商档案管理 任务3　供应商的绩效评估	1. 理解供应商管理的重要性 2. 掌握供应商管理的流程 3. 熟悉供应商审核的分类 4. 掌握供应商审核的方法 5. 掌握供应商档案管理的原则 6. 掌握供应商绩效评估指标	1. 能够采取适当的方法对供应商进行审核 2. 能够独立完成供应商档案的收集和整理工作 3. 能够根据供应商绩效评估指标设计供应商绩效考核表
学习项目六 评价采购	任务1　采购绩效评估 任务2　采购人员的工作绩效考核	1. 理解进行采购绩效评估的目的 2. 掌握采购绩效评估的指标体系 3. 掌握采购绩效评估标准 4. 掌握如何实施采购绩效评估 5. 掌握对采购人员工作绩效考核的基本标准 6. 掌握采购人员工作绩效方法和流程	1. 能够根据采购绩效评估指标设计采购部门绩效考核表 2. 能够正确使用采购绩效考核表对采购工作进行评估 3. 能够正确地运用评估结果 4. 能够根据对采购人员考核内容设计绩效考核表 5. 能够正确实施考核，并正确使用考核结果

六、教学实施建议

（一）教学实施总体建议

1. 以任务引领，实施项目任务教学

为了实现学生在校学习与岗位需求的无缝对接，在教学过程中贯彻项目教学，注重以任务引领，分项目逐步推进，实现教学内容的项目化、教学过程的项目化。

（1）教学内容的项目化。在与企业专家共同分析企业的采购与供应管理活动的基础上，根据采购与管理岗位的技能要求，结合企业实际，精选学生在职业岗位上必需的基本理论和基本技能，设计学习项目和工作任务。

（2）教学过程的项目化。根据企业的实践，开发与学习项目相匹配的实训项目。教师要求学生以团队的方式完成实训项目，教师提出要求或示范，组织学生进行活动。在活动中以学生为本，让学生在活动中运用所学到的专业知识和岗位技能解决问题，还使学生树立先进的采购管理理念，培养敏锐的洞察力、精准的判断力和良好的执行力以及团队合作的精神。

2. 采用工学结合，实施实境教学模式

在教学过程中，坚持以培养职业岗位需要的人才为本的原则，实行“工学结合、校企

结合”，将人才培养置于真实的职业环境中，实现实境教学。

对于部分实践性较强的内容，如采购过程的实施、采购过程的控制等内容，可以采取到企业中请企业专家进行实地教学，增强学生的感性认识，使所学到的知识和技能与就业岗位所要求的技能相符。

同时，要充分发挥校内实训基地的作用，在校内实训基地（物流管理实训中心）的教学软件进行模拟情景教学，完成至少两个来自企业的真实项目。

（二）教学方法建议

在教学方式上，灵活采用多种教学方法与现代教育技术，改变了传统的教学模式，强化以学生为主体、教师为主导的新型教学模式，强化综合实训，注重学生的创造力与实践能力的培养，注重培养学生独立分析问题、解决问题的能力。

在教学方法上，注重课堂教学与课堂外教学相结合，理论讲解与技能训练相结合，可采用案例教学法、情景模拟教学法、项目教学法、角色扮演教学法、实境教学法。

1. 案例教学法

以授课教师利用各种图书资料及网络资源引导学生对相关的采购与供应现象和采购与供应案例进行分析和评价为主，强化学生对相关原理和方法的理解。教师侧重于对采购与供应理论和采购与供应现象之间的关系进行必要的分析，对学生的指导重在引导和督促。

2. 任务驱动教学法

教师针对学习项目创设某种情境，设计学习任务，将新的知识隐含在任务之中。教师可事先给出任务指令，让学生讨论、分析任务，提出完成任务所需要做的工作。教师讲授完成该任务必备的新知识，学生用所学习的知识和技能自主地完成所给定的任务。在完成任务的过程中，教师要给予指导，鼓励学生自主探索和相互协作，解答学生在完成任务过程中提出的各种问题，帮助学生完成任务。

3. 情景模拟教学法

主要是授课教师利用各种可能的资源（比如教学软件），模拟企业采购与供应的各种实际情景，让学生在各种模拟情境下完成各种采购与供应分析、研究及决策。教师侧重于对各种模拟情境进行必要的分析，对学生的指导重在组织、引导、督促。

4. 项目教学法

教师在本课程中选取一个完整的项目组织教学，可以采取小组工作的方式，即学生以小组为单位，共同确定项目任务，共同制订计划，共同或分工完成整个项目。在项目教学中，主要是发挥学生的主动性和创造性，教师侧重于对学生完成项目的方法指导和对结果的评价。

5. 角色扮演教学法

根据教学的需要，让学生扮演采购工作环节中某个岗位的角色，模拟采购工作过程。在角色扮演的过程中，学生可以分组扮演不同的角色，解决在工作岗位上所遇到的各种问题。教师侧重对学生解决问题的指导和评价。其目的是培养学生如何正确地确认角色，学会了解角色的内涵，迅速进入角色，圆满完成角色承担的工作任务，为学生进入未来的职业岗位奠定良好的基础。

6. 实境教学法

利用校内外实训基地真实的业务环境对学生开展采购与供应各项基本技能的训练，教师（包括企业兼职教师）侧重于对各项实训项目进行必要的组织和管理，教师对学生的指导重在鼓励、监督和方法上的支持。

（三）教学手段建议

应用现代教学技术手段辅助教学，可以提升课程教学效果。在本课程的教学中可以采用以下教学手段：

1. 利用多媒体课件辅助教学

为了提高教学效果和教学效率，应用图片、视频、动画等多媒体技术制作了多媒体教学课件，直观地向学生展示难以理解的教学内容，可以取得良好的效果。

2. 利用互联网辅助教学

为了有效地提高学生自主学习的能力，同时促进教学内容丰富多彩，教学中可以充分利用互联网和学院网络等网络资源，向学生展示与课程相关的内容。

3. 利用计算机软件辅助教学

为了帮助学生提高采购作业的实际操作技能，可以借助采购教学软件辅助教学，学生可以直接借助软件进行操作。

（四）具体学习项目教学建议（见表2－2）

表2－2　具体学习项目教学建议

课程内容	学习型工作任务	教学建议	建议课时
知识导入 采购、供应和采购管理	1. 采购的概念、作用、方式、基本流程 2. 供应的概念 3. 供应与采购的关系 4. 采购管理的概念、目标、内容 5. 采购管理与采购的关系 6. 采购管理的发展趋势	本学习项目可采取案例教学方式，以案例为先导，引入本学习项目的相关知识；组织课堂讨论，要求根据所学的知识对所给案例进行分析	8
学习情境一 分析采购需求	任务1　定义采购需求 任务2　拟订采购市场调查方案 任务3　设计采购市场调查问卷与市场调查实施 任务4　分析整理调查数据 任务5　撰写调查报告	本学习项目可采取任务驱动教学法，以任务为驱动完成本项目的学习 本项目设计了五个任务，教师可先给定任务指令，讲授完成该任务的必备知识，学生用所学习的知识和技能自主地完成所给定的任务，教师给予指导	10

续 表

课程内容	学习型工作任务	教学建议	建议课时
学习情境二 制订采购计划	任务1 把销售计划转变为生产计划 任务2 编制中长期采购计划 任务3 根据其他部门的计划制订采购计划 任务4 制定短期采购决策 任务5 制定相关需求的采购决策	本学习项目可采取任务驱动教学方式，以任务为驱动完成本项目的学习 本项目设计了五个任务，教师可先给定任务指令，讲授完成该任务的必备知识，学生用所学习的知识和技能自主地完成所给定的任务，教师给予指导	14
学习情境三 实施采购	任务1 制定采购文件 任务2 进行采购谈判 任务3 签订采购合同 任务4 履行采购合同	本学习项目可采用情景模拟教学法。利用校内实训基地的实训软件演示采购流程，教师可讲授必备的理论知识，由学生进行实操	12
学习情境四 控制采购	任务1 控制采购质量 任务2 控制采购价格 任务3 控制采购进度 任务4 控制采购成本	本学习项目可以利用校外实训基地资源，让学生在企业的真实采购工作环境中完成本项目的学习，聘请企业专家讲授本项目的基本知识和基本技能	16
学习情境五 管理供应商	任务1 供应商的审核 任务2 供应商档案管理 任务3 供应商的绩效评估	本学习项目可采取项目教学方法。教师利用实训项目展开教学组织，要求学生根据企业供应商的实际情况，完成实训项目，从而掌握该项目的知识和技能	8
学习情境六 评价采购	任务1 采购绩效评估 任务2 采购人员的工作绩效考核	本学习项目可采取项目教学方法。教师利用实训项目展开教学组织，要求学生通过企业实际调研，正确填写采购绩效测评表，对采购部门及其人员进行评估，从而掌握该项目的知识和技能	8
总课时数		76	

七、教学评价建议

（一）教学评价总体建议

本课程坚持理论与实践并重的原则，在评价上应采用理论考核和实践考核相结合的方法，注重形成性评价与结果性评价相结合，逐步建立学生的发展性考核与评价体系。

（1）突出过程评价，结合课堂提问、业务操作、课后作业，加强对学习过程的考核，并注重平时分数的采集。

（2）强调目标评价和理论与实践一体化评价，注重引导学生改变原有的学习方式。

（3）强调实践性的考核，注重对实训项目的考核，考核学生所拥有的综合职业能力和水平。

（4）将自我评价、小组评价、专家评价结合起来，进行综合评价。

（二）具体学习项目教学评价建议（见表2－3）

表2－3　具体学习项目教学评价建议

课程内容	学习型工作任务	评价建议
知识导入 采购、供应和采购管理	1. 采购的概念、作用、方式、基本流程 2. 供应的概念 3. 供应与采购的关系 4. 采购管理的概念、目标、内容 5. 采购管理与采购的关系 6. 采购管理的发展趋势	自我评价：学习资料准备情况，案例讨论中的表现，对所学知识的应用程度，学习态度 小组评价：沟通能力、协调能力、团队精神 案例分析评价：运用所学的知识对所给的案例写出完整的分析报告，据此进行评价
学习项目一 分析采购需求	任务1　定义采购需求 任务2　拟订采购市场调查方案 任务3　设计采购市场调查问卷与市场调查实施 任务4　分析整理调查数据 任务5　撰写调查报告	自我评价：学习资料准备情况，对所学知识应用程度，完成任务进度和质量，学习态度 小组评价：沟通能力、协调能力以及与他人合作的团队精神，对完成任务的贡献率 任务完成情况评价：通过实战练习和实训项目对学生所应掌握的知识进行综合评价
学习项目二 制订采购计划	任务1　把销售计划转变为生产计划 任务2　编制中长期采购计划 任务3　根据其他部门的计划制订采购计划 任务4　制定短期采购决策 任务5　制定相关需求的采购决策	自我评价：学习资料准备情况，对所学知识应用程度，完成任务进度和质量，学习态度 小组评价：沟通能力、协调能力以及与他人合作的团队精神，对完成任务的贡献率 任务完成情况评价：通过实战练习和实训项目对学生所应掌握的知识进行综合评价
学习项目三 实施采购	任务1　制定采购文件 任务2　进行采购谈判 任务3　签订采购合同 任务4　履行采购合同	自我评价：学习资料准备情况，对所学知识应用程度，对软件应用程度，学习态度 软件系统对学生的考评：从软件的题库中随机抽取题目对学生进行考核

续 表

课程内容	学习型工作任务	评价建议
学习项目四 控制采购	任务1 控制采购质量 任务2 控制采购价格 任务3 控制采购进度 任务4 控制采购成本	自我评价：学习资料准备情况，对所学知识应用程度，学习态度 实训报告质量评价：通过实训项目对学生进行综合评价 专家评价：专家对学生学习情况进行的评价
学习项目五 管理供应商	任务1 供应商的审核 任务2 供应商档案管理 任务3 供应商的绩效评估	自我评价：学习资料准备情况，对所学知识应用程度，学习态度 小组评价：沟通能力、协调能力、合作精神，完成项目的贡献率 实训报告质量评价：通过实训项目对学生进行综合评价
学习项目六 评价采购	任务1 采购绩效评估 任务2 采购人员的工作绩效考核	自我评价：学习资料准备情况，对所学知识应用程度，学习态度 小组评价：沟通能力、协调能力、合作精神，完成项目的贡献率 实训报告质量评价：通过实训项目对学生进行综合评价

（三）教学评价操作建议

本课程为考试课程，期末考试为闭卷笔试。学生的课程总评成绩由平时成绩（约占15%）、实践成绩（约占35%）和期末考试成绩（约占50%）三部分构成，平时成绩根据出勤、作业、课堂表现、学习主动性等表现评定；实践成绩根据每个学习项目后的实训项目质量进行评定。

具体评定项目（见表2－4）。

表2－4　　学生课程总评成绩具体评定项目

考核项目			考核内容	考核分值（分）
平时成绩	课堂出勤		迟到、早退和旷课	5
	课堂表现		认真听课，积极思考，参与课堂活动	5
	课后作业		及时性、正确性、规范性、独立能力	5
各学习项目实训成绩	知识导入 采购、供应和采购管理	案例分析报告	运用知识的正确性；案例分析的准确性；提出建议的合理性和创新性；案例分析报告写作的规范性	4
	学习情境一 分析采购需求	采购市场调查方案 采购市场调查问卷 采购市场调查报告	调查方案制订的合理性；调查问卷设计的合理性；调查报告内容真实和完整性；格式规范性	5

续 表

考核项目			考核内容	考核分值(分)
各学习项目实训成绩	学习情境二 制订采购计划	采购计划 物料需求计划	计划制订的科学性、正确性、可实施性以及规范性	5
	学习情境三 实施采购	设计采购申请单 设计供应商打分表 采购谈判计划 采购谈判记录 采购谈判总结	填写的采购申请单是否规范；设计的供应商打分表是否符合需求，每一打分项目是否明确，是否具有可操作性，表格是否规范；设计的采购文件是否严谨，是否规范；采购谈判计划是否周密，具有可实施性，谈判记录是否翔实，所形成谈判结论是否客观准确	6
	学习情境四 控制采购	采购质量控制方案 采购价格控制方案 采购进度控制方案 采购成本控制方案	能否对素材进行精心的准备，能否熟练、自如地将所学知识用于实际，解决实际问题。分析报告是否结构正确，论据充分，分析准确、透彻。控制方案是否符合企业实际，便于操作实施	6
	学习情境五 管理供应商	填写供应商绩效考评表 绩效考评分析报告	能否准确填写绩效考核表，并根据考核表进行分析，写出分析评价报告，能够对企业提出有价值的改善建议	4
	学习情境六 评价采购	填写采购工作绩效考评表 填写采购人员绩效考评表 绩效考评分析报告	能否准确填写绩效考核表，并根据考核表进行分析，写出分析评价报告，能够对企业提出有价值的改善建议	5
期末考试			每个学习项目的知识点和技能点	50
学期总评			平时成绩（15%）+实训项目成绩（35%）+期末考试成绩（50%）	100

八、教学资源的开发与利用

1. 教材与学材

教　　材：《采购与供应实务》　张　彤　中国物资出版社

参考书目：《采购管理实务》　霍　红　张玉斌　科学出版社

《采购与供应管理》　赵道致　清华大学出版社

《采购与供应概论》　胡　军　中国物资出版社

《采购人员岗位培训手册》　王　静　人民邮电出版社

学术期刊：《中国物流与采购》、《物流管理》、《物流技术》、《物流技术与应用》

学术报刊：《现代物流报》

2. 网络资源

中华电子采购网 http://www.slicbuy.com/

全球 IC 采购网 http://www.qic.com.cn/

跨国采购网 http://www.globalimprter.net/

中华采购网 http://www.yp160.com/

全球采购网 http://www.qqcg.com

中国物流网 http://www.wuliuwang.net

中国物流与采购网 http://www.chinawuliu.com.cn

第三部分　教学项目设计

表 3－1

学习项目	学习型工作任务	学时		
		理论学时	实践学时	总学时
知识导入	采购、供应和采购管理	6	2	8
学习情境一 分析采购需求	任务 1　定义采购需求	1	1	10
	任务 2　拟订采购市场调查方案	1	1	
	任务 3　设计采购市场调查问卷与市场调查实施	1	1	
	任务 4　分析整理调查数据	1	1	
	任务 5　撰写调查报告	1	1	
学习情境二 制订采购计划	任务 1　把销售计划转变为生产计划	1	1	14
	任务 2　编制中长期采购计划	1	1	
	任务 3　根据其他部门的计划制订采购计划	1	1	
	任务 4　制定短期采购决策	2	2	
	任务 5　制定相关需求的采购决策	2	2	
学习情境三 实施采购	任务 1　制定采购文件	1	1	12
	任务 2　进行采购谈判	2	2	
	任务 3　签订采购合同	1	1	
	任务 4　履行采购合同	2	2	
学习情境四 控制采购	任务 1　控制采购质量	2	2	16
	任务 2　控制采购价格	2	2	
	任务 3　控制采购进度	2	2	
	任务 4　控制采购成本	2	2	
学习情境五 管理供应商	任务 1　供应商的审核	1	1	8
	任务 2　供应商档案管理	1	1	
	任务 3　供应商的绩效评估	1	3	

续　表

学习项目	学习型工作任务	学　　时		
		理论学时	实践学时	总学时
学习情境六 评价采购	任务1　采购绩效评估	1	3	8
	任务2　采购人员的工作绩效考核	1	3	
总　　计		37	39	76

知识导入　采购、供应和采购管理

一、知识导入综述

本学习项目是教材中唯一的纯理论知识部分，其内容的选择是为完成后续课程学习任务应该具备的必要的理论知识。学生通过本项目的学习可以建立本课程的理论框架，树立先进的采购管理理念，为完成后续学习型工作任务提供指导思想，并奠定理论基础。具体见表3－2。

表3－2

<table>
<tr><td colspan="4">知识导入　采购、供应和采购管理</td></tr>
<tr><td rowspan="3">学时
分配
（共8
学时）</td><td colspan="2">一、采购、供应</td><td>2学时</td></tr>
<tr><td colspan="2">二、采购管理</td><td>4学时</td></tr>
<tr><td colspan="2">三、专题：供应链管理环境下采购管理转换
供应链管理环境下采购模式选择</td><td>2学时</td></tr>
<tr><td rowspan="2">教学
目标</td><td>知识目标</td><td>能力目标</td><td>素质目标</td></tr>
<tr><td>1. 掌握采购及采购管理概念
2. 理解采购与供应的关系
3. 理解采购与采购管理异同
4. 熟悉采购基本作业流程
5. 熟悉采购管理基本内容
6. 了解采购类型和方式</td><td>1. 能够在采购实践中运用采购的基本流程
2. 用所学的理论评价企业的采购管理的优劣
3. 能够根据企业的实际情况选择采购方式</td><td>1. 培养学生爱岗敬业的职业道德
2. 培养学生的工作责任心
3. 培养学生的协调沟通能力</td></tr>
<tr><td>教学
重点</td><td colspan="3">1. 采购的基本流程
2. 采购与供应管理中的两对关系
3. 从供应链管理的角度理解采购管理的目标</td></tr>
<tr><td colspan="2">教学工具和载体</td><td colspan="2">多媒体教学设备；教学课件；网络教学资源；教材及参考书</td></tr>
</table>

续 表

学生能力的要求	1. 具备物流和供应链管理的基本知识 2. 具备一定的分析问题的能力 3. 具备一定查阅资料的能力
教师能力的要求	1. 能够根据教学方法设计教学情境 2. 能够按照设计的教学情境组织教学 3. 能够引导学生进行自主学习，解答学生在实际操作过程中遇到的问题 4. 能够对学生的学习情况进行准确地评价 5. 了解采购管理领域最前沿的理论和最新的动态

二、关键词

采购：采购的概念有狭义和广义之分。狭义的采购是指以购买的方式，由买方支付对等的代价，向卖方换取物品的行为过程。这种以货币换取商品的方式是最普遍的采购。广义的采购是指除了以购买的方式获取商品以外，还可以通过各种不同的途径，包括购买、租赁、借贷、交换等方式，取得物品或劳务的使用权或所有权，以满足某种特定的需求。

供应：供应主要是指对企业内部需求的供应，即在企业生产经营需要的时候，按照需要提供生产需要的物资和服务，以满足企业生产运营和市场的需要。

采购管理：采购管理是指为保障整个企业物资供应而对企业采购进货活动进行的管理活动，是整个物流活动的重要组成部分。它着眼于组织内部、组织和其供应商之间构建和持续改进采购过程。

三、课前阅读

教师在第一次上课时，应介绍本课程的全貌（主要是指课程标准中的内容），而后要就本学习项目的内容指导学生做好课前准备。指导学生通过阅读参考书，进行延伸学习。

阅读书目主要有：《采购与供应概论》（胡军主编）相关章节；

《采购管理实务》（霍红主编）相关章节；

《采购与供应管理》（赵道致主编）相关章节。

四、网络资源

中华电子采购网 http://www.slicbuy.com/

全球 IC 采购网 http://www.qic.com.cn/

跨国采购网 http://www.globalimprter.net/

中华采购网 http://www.yp160.com/

全球采购网 http://www.qqcg.com

中国物流网 http://www.wuliuwang.net

五、教学组织与安排

本学习项目按照“教学导入—讲授知识—案例讨论—知识总结—学习探究—延伸学习”六个环节组织教学。具体见表 3－3。

表 3－3

教学环节	教学过程和内容	教学方法	时间分配（分钟）
教学导入	通过导入案例，引导学生进入教学环节	引入法	10
讲授知识	讲授本学习项目的主要知识点	课堂讲授法	30
案例讨论	结合所学的内容，给出案例，由学生进行分组讨论，教师给予点评	案例教学法 讨论法	30
知识总结	和学生一起对本次课所讲授的知识进行梳理，使知识系统化	归纳总结法	10
学习探究	从教学内容出发，引发需要探讨的问题	头脑风暴法	10
延伸学习	根据本项目的内容，布置课后需要进一步学习的知识	指导和建议	课后学习

说明：

以上课堂活动是以两节课为一个单元，各个教学环节可根据教学内容进行调整。

环节 1——通过导入案例，引导学生进入教学环节

导入案例：从采购中挖掘利润

案例启示：从案例中可以看出，良好的采购将直接增加公司的利润，有利于公司在市场竞争中赢得优势。

引入教学：本学习项目是从采购、供应、采购管理的基本概念入手，分析采购的作用、采购与供应的关系、采购管理的目标以及供应链环境下的采购管理。

环节 2——讲授本学习项目的主要知识点，注意对节点知识、易混淆知识的讲授

在本学习项目中主要讲授采购、供应、采购管理三个部分知识。

采购部分主要讲授的知识点：采购的概念、作用、类型、方式和流程，在这部分知识的教学中，应对现代采购方式做重点讲授，并组织学生讨论采购的作用或地位问题。

供应部分主要讲授供应的概念、采购与供应的关系，应该讲清楚采购与供应的关系。

采购管理部分主要讲授采购管理的概念、目标、内容；采购与采购管理的关系；采购管理的发展趋势。在这部分知识的教学中，应讲清楚采购与采购管理的关系，并组织学生讨论采购管理的发展趋势。

在本学习项目中，应该重点讲述以下两个问题：

（1）采购与供应管理中的两对关系。

在采购与供应管理中，采购与供应之间、采购与采购管理之间存在着一种既有联系又有区别的关系，但是这两对关系人们往往会产生混淆，因此在讲课中应该讲清讲透。

①采购与供应的关系。

采购与供应是相辅相成的。采购是为了供应，而供应则是靠有效的采购支持。

采购的业务对象是向外的，即从供应链上游组织资源，向供应商采购有形的商品和无形的服务；供应的业务对象是向内的，为企业内部的生产和其他职能部门供应所需要的资源。

采购与供应外部的关系是通过采购部门与供应商的联系体现；采购与供应内部的关系是通过采购部门与企业各相关部门的联系体现。

②采购与采购管理的关系。

采购与采购管理既有联系又有区别，两者的区别在于：采购管理是对整个企业采购活动的计划、组织、指挥、协调和控制活动，是管理活动，是面向整个企业。采购是具体的采购业务活动，是作业活动，一般是由采购人员承担的工作，只涉及采购人员个人。两者的联系是：采购本身也有具体管理工作，它属于采购管理。采购管理本身又可以直接管理到具体的采购业务的每一个步骤、每一个环节、每一个采购员。

（2）从供应链管理的角度理解采购管理的目标。

在传统采购模式下，采购管理的目标是“5R”，即合适的供应商、适当的质量、适当的时间、适当的数量和适当的价格。但是在供应链环境下，采购环境发生了变化，采购已经由传统的采购方式发展到现在的科学采购方式，因此采购管理的目标也在发生变化。

在供应链环境下采购管理的目标是：顾客完全满意；支持企业运营的需要；选择、发展合格的供应商；与其他工作团队紧密联系；采购流程效率化和效果化；支持企业总体目标的完整采购战略。

环节3——组织课堂的案例讨论，观察学生如何分析和解决问题

案例的选用：可以使用本学习项目后所给出的两个案例，也可以选用教师已有的案例。

案例课前准备：在组织案例讨论之前，至少要做两方面的准备：一是将选用的案例提前布置给学生，提出思考的问题和建议查找的相关资料，由学生进行提前阅读和准备；二是进行分组，分组时应该充分考虑学生之间学习能力、性格特点等因素，以保证各组之间的实力均衡。

案例讨论的组织：在案例讨论中应该坚持“学生为主体”的原则，以小组为单位，由学生根据要求进行组内自由讨论，由组长对小组的意见进行归纳总结，并陈述本组的观

点。最后由教师对案例进行点评。

环节 4——引导学生进行知识总结，使所学的知识系统化

在每次课程结束之前，教师要引导学生对所学的知识点进行总结，便于学生对知识的系统性和关联性的理解和掌握，有利于学生驾驭知识，解决实际问题。

本学习项目的知识体系：采购—供应—采购管理。

广义的采购是指除了以购买的方式获取商品以外，还可以通过各种不同的途径，包括购买、租赁、借贷、交换等方式，取得物品或劳务的使用权或所有权，以满足某种特定的需求。采购是商品生产和交换整体供应链中的重要组成部分，是企业经营管理的核心，是企业获得经营利润的重要源泉。采购分为有形商品采购和无形服务采购，可以通过直接采购、间接采购、招标采购、网上采购等方式按照一定的采购流程进行采购。

供应主要是对企业内部需求的供应，即在企业生产经营需要的时候，提供生产需要的物资和服务，以满足企业生产运营和市场的需要。采购与供应是相辅相成的，采购是为了供应，而供应则是靠有效的采购支持。采购部门作为企业的一个业务部门，处于企业供应链的中间环节，起到承上启下的作用。

采购管理是指为保障企业物资供应而对企业采购活动进行的管理活动。其目标是在确保适当质量的前提下，能够以适当的价格，在适当的时期，从适当的供应商那里采购到适当数量的物资和服务。采购管理的发展趋势是采购管理一体化、采购管理集中化、采购管理职能化和采购管理专业化趋势。

在供应链管理环境下，采购是一种供应商主动型的采购，其目的是基于需求，供需双方结成了战略伙伴关系，因此与传统的采购相比，在采购观念和操作上都发生了很大变化，由此衍生出电子化协同采购、准时化采购、B2B 在线采购、全球等新型的采购模式。

环节 5——围绕知识和能力拓展模块，组织学习性探究

教学建议：

建议本学习项目的学习探究可围绕两个方面的论题展开：

（1）采购和供应管理面临的挑战以及应采取的应对措施。

①采购与供应管理面临的挑战

面对当今经济全球化的挑战和日益激烈的竞争环境，企业在采购与供应管理方面如果不能尽快迈出现代化步伐，将难以持续发展下去。国内外大量成功或失败的案例充分说明，采购作为当今企业生产经营中最重要的环节，在成本控制、新产品开发、提高产品市场竞争能力方面起着举足轻重的作用。新时期采购面临的挑战和压力主要来自于以下几个方面：

- 降低采购成本的压力
- 缩短采购周期的压力
- 减少库存的压力
- 企业实行柔性制造带来的压力
- 用户对产品和服务的要求提高带来的压力

- 采购环境的不确定性带来的压力
- 对采购人员的要求越来越高

②采购与供应管理的应对措施

面对环境的种种挑战，企业可采取以下应对措施：

- 运用先进的供应链管理理论
- 建立柔性化的采购组织
- 推行先进的采购模式
- 制定完善的采购流程和政策
- 进行供应商整合
- 建立采购绩效评估系统
- 健全采购监督机制
- 加强采购专业人才的培养

(2) 影响企业实施全球化采购策略的因素。

随着全球经济一体化的快速发展，全球采购已经成为跨国公司和国际化企业获得竞争优势的一个重要途径。在实施全球化采购策略的实践中，主要影响因素可以概括为以下几个方面：成本因素；质量因素；产品的可得性；交货的迅速性、准时性；供应的连续性；市场竞争。

环节6——根据本学习项目的内容，要求学生进行延伸学习，以拓展知识范围

建议指导学生课后学习以下内容：

(1) 供应链管理环境下的采购模式。

(2) 全球化采购。

(3) 电子商务采购。

(4) ERP采购与JIT采购。

六、实训项目

1. 实训目的

(1) 培养学生捕捉信息的能力。

(2) 培养学生运用所学知识分析和解决实际问题的能力。

(3) 培养学生的逻辑思维能力和总结能力。

(4) 培养学生的语言表达能力和沟通能力。

2. 实训内容和要求

本学习项目的实训采取案例分析的形式，建议选取与本学习项目知识背景相关的案例，案例素材可以由教师提供，也可以由学生提供，要求学生对要讨论的案例提前进行准备。

3. 实训组织

（1）全班分成若干组，每组4～6人。小组成员按照老师的要求通过各种学习资源搜集与本案例相关的信息，并写出案例分析提纲。

（2）在老师的引导下，对所提供案例进行分析讨论。

（3）进行小组讨论，组内同学应积极发言讨论，阐述自己的观点。

（4）由组长陈述本组的分析结果。

（5）由教师对本案例以及各组的案例分析观点进行点评。

（6）课后每组上交一份案例分析报告。

4. 实训评估

对于学生在案例教学中的表现，可以从案例分析准备情况、案例讨论中的表现和案例分析报告的质量三个方面进行评价。具体见表3－4。

表3－4 评估标准

评估指标＼评估等级	好	一般	差
实训准备（20分）	能够通过各种渠道查阅相关资料，提供包括网络、图书、报纸等多样资料内容，分析提纲条理清晰、合理	能够做必要的准备，但不够充分	无准备
现场讨论（40分）	小组讨论认真、激烈，组员积极发言，提出自己的观点。准确运用所学知识分析案例。表达准确，语言流畅	小组讨论认真，所学知识运用不是很准确，个别组员不积极	只有组长发言，其他组员不配合。表达能力较差
案例分析报告（40分）	案例分析准确无误，所学知识运用合理，条理清晰	案例分析语言流畅，所学知识原理应用不灵活	案例分析没有准确地运用所学知识，语言不通

七、经典案例

案例1 惠普的电子化采购实施方案——Keychain

1. 背景

惠普在全球500强中排名第9位，每年的营业额接近800亿美元，每个季度有多于10亿美元的现金流，研发费用大概有40亿美元。惠普可以说是真正的国际化公司，有60%的营业额来自海外（来自美国之外），它的文化也是多样性的，员工来自各个不同的国家和团队。这样一个大公司有很大的采购量，半导体、微处理器、磁盘的采购量都是第一名。在中国惠普的采购量也很大，2001年的时候已经达到30亿美元，惠普在中国赚的钱还没有在中国买东西的钱多。那么，作为这样一个大型的跨国公司，有这么大采购容量的公司，惠普是如何处理它的采购问题和采购战略的？

2000年和2001年早期，惠普有着复杂的采购系统，从惠普来说有很多的层次，总部、亚太、中国。在中国有很多的区域，比如说香港区、大陆区、台北区，而且生产有很多方面是通过外包，通过合同，通过制造商，通过OEM、ODM这些方面来达成的。惠普有很多产品部门和业务部门，它们的采购和物流甚至供应链都是各自为政，所以，不同的部门有不同的供应采购计划、采购策略。从供应商来看，全球的供应商也是一个非常大的集群，怎么整合供应链和大集群的供应商就成了惠普面临的一个问题。当时的领导层认识到，维护世界级的这样一个成本结构，才是新惠普在将来取得成功的一个关键的因素。基于这个出发点，惠普领导层就决定创新采购流程、创新采购策略、创新采购系统，这就是惠普当时提出来的电子化采购。

2. 战略制定

为了形成惠普供应链的竞争优势和成本竞争优势，惠普当时制定了很多战略的目的和手段。惠普作为一个大公司，又是一个有很多层次、很多地区、很多业务部门的公司，要推动这么一个计划很不容易。惠普采取的方法就是先制定出统一的远景，然后制定出原则，这个战略要达到的目的，还要制定出各个部门和战略投资的关系，最后要保证有一个很清晰的我现在要做什么、将来要做什么的计划，这都是公司的战略部分。

惠普的远景是如下两方面：首先，作为跨国公司，惠普在采购供应链方面，要有全球的可见性，可以从总部的物流部门看到每个地区采购链上、供应链上的情况，可以做一些合并、做一些建议，来达到规模经济，降低成本的效益。其次，不能丧失惠普作为每个业务系统所具有的灵活性，要发展各个业务部门的声誉，维护各个部门能力的分散的权利。所以是两个方面，第一个是指导性，第二个是在每个部门不能丧失其可知性、决策性。惠普的目标很简单，就是降低库存成本、降低采购成本，然后提高效率。

企业最容易见效的地方在物料采购成本、库存成本，这部分成本的降低能够直接反映到企业的利润率上面去，所以这个计划从一开始就要求在每年是正的投资回报，也就是当年投资就要当年见效。

3. 系统设计

在上述战略的指导下，惠普开始设计采购系统，系统由四个主要的方面组成：

第一个是订单和预测协同，利用Internet的功能来做网上的订单和预测处理；第二个是库存协同，尽量把供应商管理的库存做得最小，知道供应商有多少库存，在需要的时候能够满足你，无论在质量上、数量上还是价钱上，都和供应商有一个系统来做交互；第三个是拍卖，这是惠普自有的电子化交易市场。2000年、2001年的时候，很多人强调的是公共公有的这一块，惠普后来经过各种技术评估和投资回报甚至一些标准的评估，决定建立自己的电子化买卖系统；第四个是物料资源的寻找、获取、选择、决定的系统，这里面主要是一些基于供应链的智能的分析，这个供应链是多层的，惠普供应链下面不仅要看到第一层的供应商，还要看到第二层、第三层的，原则上是要看到整个的供应链，然后找到最优化的资源配置，惠普把它归纳成buy power，怎么样形成企业自己的竞争力。

订单处理和协同，跨越的不仅仅是惠普自己内部，而主要是内部和自己一级供应商、二级供应商的协同。同时，在2000年的时候，虽然惠普每个业务部门、每个地区可能都有自己的订单处理系统和工具，但是这些工具不统一，没有标准，大家用的各种系统平台也不太一样，有的甚至还用传真、电话和纸的方式，这些方式效率很低，要把手工的流程搬到电子化的流程上去，这样，在有问题的情况下，可以和供应商时时磋商。

采购流程和系统是供应链中间的一环，也与物流系统有很大的关系，它是后台系统，也是ERP系统，有很多的流程。从业务计划里面出来一个采购计划和采购的一个订单(简称PO)，这个PO会送到协同中心，协同中心再把它发给惠普的贸易伙伴，贸易伙伴有几种方式来处理，一种利用电子邮件就可以来交互，另外一种是用反馈的方式，反馈也会送到协同中心，协同中心收到反馈，中间也有一些需要调整和修改的，最后送到业务部门，业务部门来确认最后的调整和修改是不是可以接受，可以接受之后再反馈回来，同时更新ERP系统，更新ERP系统的目的也是为了调整生产计划，把最终的PO再送给贸易伙伴，也就是惠普的供应商。

库存协同主要是利用一套电子化的供应链的解决方案以及服务工具和服务流程来得到几个供应链的性能，减少库存的成本，包括采购成本、应用成本，完成和供应商的协同。比如说在系统实施之后，惠普在位于惠普中间的任何业务部门，任何时候都能够看到供应链上针对某些供应商或者某些需求的实际库存和目标库存，你的需求和你实际中间的匹配关系是不是中间有差异要去做处理，这就是协同。

举例来说，当在业务单位生成一个最高层最简单的物料的需求时，该需求同样到协同中心，协同中心把这个预测送到惠普的贸易伙伴，贸易伙伴包括物流协同商、零部件制造商等，然后再返回到协同中心，协同中心经过优化处理之后，再反馈到贸易伙伴、物流伙伴，同时贸易伙伴和物流伙伴把一些部件的更新或者是时时的情况反馈到协同中心里面去，下面是保证确认、协同，然后达到在物料方面的掌控。这中间的很多交互，包括协作制造商、物流伙伴，包括什么发货、运货，都是通过库存协同中心来完成的。

电子化物质获取及处置这一部分在不同时期有不同的方法及策略。在新产品的引用期主要是发现和选择供应商；在产品快速成长的期间，主要和供应商进行更深层次的交互，因为这个时候往往比成熟期竞争更白热化，成本优化也是一个大的策略，这时候跟供应商协同，让供应商和惠普一块成长，在他的成本结构方面能够适应市场对惠普的成长成本的要求；到了产品成熟期，采用的是机会主义的路线，能够节省的地方就节省；在产品的末期，有一些末期问题要处理，比如说某些产品可能需要降价等，怎么处理这些东西，惠普在这方面也有很多处理方法。

这个系统从立项实施到现在，已经初具规模。在2002年当年就节省了采购和物料成本1亿多美元，这些节省主要来自以下几个方面：一是物料的获取方面，平均节省10%，最多能到40%；二是剩余库存的收回方面，剩余库存是协作很重要的一方面，没有这个系统大家随便处理，每个部门都有不同的处理办法，有这个系统大家可以统一地来处理。三是非标准化，在运营效率方面大概增加了30%~40%，物料采购周期减少了一半，节省了

5 天。库存的周转，从原来每年平均的周转 11 次到 24 次。

从惠普的电子化采购系统可以得出一条经验：那就是要有优先级，系统是一个过程，不是一蹴而就的项目，第一年做什么，第二年做什么，第三年做什么，一定要设计出来，什么时候设计做什么，一定要根据业务优先来做。

案例 2　西门子公司的全球采购策略

公司之间未来的竞争是供应链之间的竞争，采购链则是供应链中非常关键的一环。怎样在供应商不断增多的同时有条不紊地管理供应商？怎样在压低供应商价格的同时和供应商保持良好关系？怎样在降低物料采购成本的同时保持产成品的优异质量？怎样在统一供应商标准的同时不失采购的灵活性？当世界经济面临着网络化和全球化大潮的时候，采购链管理也面临着无法躲闪的变革。西门子公司是一家有着 150 多年历史、横跨数个产业的航空母舰式的公司，仅仅西门子信息与移动通信（以下简称西门子移动公司）一家，2001 年的采购额就达到了 20 亿欧元。西门子移动公司的供应商浩如烟海，分布在全球的各个角落，如何与他们协同作战？如何做到“精益采购”？如何从采购环节中节省成本？

“我们产品的价格每年都有 20% ~25% 的下降，这笔钱从哪里来？只有从供应体系中挤出来。”西门子移动公司全球采购中国部门的德籍副总裁柯逸华（Miehael Kalweit）告诉记者。全球集约化采购是西门子公司进行采购管理、节约采购成本的关键，西门子移动公司的采购系统是西门子公司整个全球采购网的一部分。

1. 全球统一采购

过去很长一段时间里，西门子公司通信、能源、交通、医疗、照明、自动化与控制等各个产业部门（Division）根据各自的需求独立采购。随着西门子公司的逐渐扩大和发展，采购部门发现不少的元部件需求是重叠的：通信产业需要订购液晶显示元件，而自动化和控制分部也需要购买相同的元件。由于购买数额有多有少，选择的供应商、产品质量、产品价格与服务差异非常之大。

精明的西门子人很快就看到了沉淀在这里的“采购成本”。于是，西门子公司设立了一个采购委员会（Procurement Council）来协调全球的采购需求，把六大产业部门所有公司的采购需求汇总起来，这样，西门子公司可以用一个声音同供应商进行沟通。大订单在手，就可以吸引全球供应商进行角逐，西门子公司在谈判桌上的声音就可以响很多。

对于供应商来说，这也是一个好事情。以前一个供应商，可能要与西门子公司的六个不同产业部门打交道，而现在只需要与一个“全球大老板”谈判，只要产品、价格和服务过硬，就可以拿到全球的订单，当然也省下不少时间和精力。

西门子公司的全球采购委员会直接管理全球材料经理，每位材料经理负责特定材料领域的全球性采购，寻找合适的供应商，达到节约成本的目标，确保材料的充足供应。“手机市场的增长很快，材料经理的一项重要职责就是找到合适的、能够与西门子公司一起快速成长的供应商。”西门子公司认为，供应商的成长潜力在其他成熟产业可能并不重要，但是在手机产业，100% 的可得性是选择供应商的重要指标。

西门子移动公司的采购系统还有一个特色是，在采购部门和研发设计部门之间有一个

“高级采购工程部门”（Advance Procurement Engineering，APE）。作为一座架在采购部和研发部之间的桥梁，高级采购工程部的作用是在研发设计的阶段就用采购部门的眼光来看问题，充分考虑到未来采购的需求和生产成本上的限制。

2. 分合有度

有了这些充分集权的中央型采购战略决策机构，还需要反应灵活的地区性采购部门来进行实际操作。由于产业链分布在各个国家，西门子移动公司在各地区采购部门的角色很不一样：

日本西门子移动公司采购部门的角色类似于一个协调者。由于掌握着核心技术，日本的供应商如东芝公司和松下公司直接参与了西门子手机的早期开发。西门子移动公司需要知道哪些需求在技术上是可行的，哪些是不可行的，而东芝和松下等企业也要知道西门子公司想要得到什么产品，采购部门的主要工作就是与日本供应商的研发中心进行研发技术方面的协调、沟通和同步运作。

中国西门子移动公司采购部的角色重心就不同了。其主要任务是利用中国市场的廉价材料，降低生产成本，提高西门子手机的全球竞争力。2001 年西门子移动公司的全球采购额是 20 亿欧元，单是在中国的采购就达到了 5 亿欧元，占全球采购额的 25%。在中国生产的每部西门子手机都达到了 60% 的国产化率（Local Content）。中国低廉的材料价格已经成为西门子手机征战全球性市场的一大利器。

3. 供应商管理策略

在 21 世纪的采购管理中，供应商早已不是以前的小供货商，而是企业的战略联盟者（Strategic Alliance）。对于这些不再俯首帖耳有时甚至还会高高在上的“伙伴”们，如何才能让他们为西门子移动公司的业务做更大的贡献呢？

西门子公司的高级采购工程部门（APE）能够起到从设计源头上压缩采购成本的作用。如果设计原型中一个元部件的价格是 11 欧元，但目标价格只有 6 欧元，那么设计就要做相应的修改，采用更少的元部件或用更加集成的元部件。有的时候，高级采购工程部门的任务就是用目标价格倒推成本（Target Price-based Costing）。“我们对供应商的要求是每年都能比上一年节省更多的成本。”西门子公司的采购管理人士如是说。

除了给供应商持续的成本压缩压力以外，西门子公司还充分利用订单份额来做诱饵，让现有的 2 ~ 3 个供应商充分竞争。只有价格最低的供应商，才会得到西门子公司更多的订单。西门子公司有时也会故意放一两个新的供应商进场，打破原有的供应商竞争格局。新供应商更好的服务和更低的价格会迫使老供应商降低价格、提高服务，西门子移动公司就可以坐收“渔翁”之利。

每年年底，西门子移动公司内部所有与供应商有过接触的部门还会对供应商进行价格、物流服务和产品质量三方面的总拥有成本（TCO）进行评分，成本最高的供应商可能就会失去大笔订单。在竞争面前，供应商自然会对自己的产品质量、产品价格、物流服务等各方面严格审视，以期达到西门子公司的高标准、严要求。

为了使选择供应商的过程尽可能公平透明，西门子公司还使用了一套网上竞价

(E-Biding)系统。西门子公司对现有的长期供应商相当有人情味，为了保持良好的供应商关系，现有的供应商在这套系统中有一定的优先权。而想新加入的供应商则必须靠过硬的质量、价格和服务来与现有的供应商竞争。这套体系的好处是所有的供应商都知道其他供应商能做什么，这样就能把价格和服务的底线推到循环竞争的极限。柯逸华说，在未来的规划中，西门子移动公司50%的采购量都会通过这套系统来进行。

通过保持这样一种“充分竞争”的环境，西门子移动公司能非常高效率地管理自己的供应商，节约采购成本。

案例3　利丰集团从采购代理到供应链管理的发展演变

利丰集团是一家以香港为基地的跨国商贸集团，为香港上市公司及香港恒生指数和美国摩根士丹利香港指数成份股。利丰集团运用供应链管理的概念经营出口贸易、经销及零售三项核心业务，迄今已有97年历史。集团2002年营业额逾58亿美元，雇用员工超过18000名。利丰集团于1906年在广州成立，是中国当年首批从事对外贸易的华资公司，打破了当时外国洋行对中国对外贸易的垄断。从1906年至今，利丰贸易的业务角色经历了从简单的采购代理到全球性的供应链管理者的演变。在业务角色经历演变的同时，利丰贸易为客户提供的增值服务日益增加，利丰贸易创造的附加值也不断增长。

利丰贸易业务发展和演变的过程如下：

1. 采购代理

1906年，利丰贸易初成立的时候，它只是充当客户和供货商之间买卖的中介人角色，由于利丰的创办人通晓英文，利丰贸易成为了厂家及海外买家的桥梁。随后，利丰贸易逐渐把简单的采购代理扩展到其他更广泛的业务。

2. 采购公司

第一阶段，利丰贸易只是一间采购公司，即地区性的货源代理商的角色，通过在亚洲的不同地区，如中国、韩国和新加坡开设办事处来拓展业务。除了不时提供市场最新信息给买家之外，利丰贸易所提供的服务亦包括了对不同的厂家作出产品、生产力及质量方面的评估，然后向买家提供适合的厂家及供货商，利丰贸易亦代表买家向厂家商讨价钱及做品质的管理工作以达到他们可以合理的价钱采购到所需产品的目的。另外，利丰贸易亦协助工厂做生产管理以及帮助买家监控工厂在劳工法例、生产环境及环保方面所作出的处理以保证他们符合国际的要求标准。总括而言，作为一家采购公司，利丰贸易主要的目标是希望能够建立起厂家及买家长期伙伴的关系而达到双赢的局面。利丰在发展过程之中不断引进一些先进的业务及管理概念，从而带领利丰进入了一个新的发展阶段。

3. 无疆界生产

除了作为一个采购公司，利丰于20世纪80年代也向前迈进了一步，成为无疆界生产计划的管理者与实施者。客户会给予利丰一个初步产品概念，例如产品的设计、外形、颜色和质量方面的要求等，再由利丰为客户制订一个完整的生产计划，根据客户市场及设计部门所提出的草案，利丰会进行市场调查，在各地采购合适的配件，例如布料、花边等，以及提供一个最适合的成品制造商。在生产过程之中，利丰亦会对生产工序作出规划及监

控以确保产品质量和及时交货。在这种无疆界生产模式之下，利丰是在香港从事如设计和质量控制规划等高附加值的业务，而将附加值较低的业务，例如生产工序，分配到其他最适合的地方，例如中国内地，使整个生产程序及流程实现真正的全球化。

4. 虚拟生产

在推行无疆界生产计划及管理的基础上，利丰又发展了另外一个业务模式，称为虚拟生产，在这模式之中，利丰不再是一个中介人或代理采购者，而是客户的供货商，利丰会直接和海外买家签订合同，利丰依旧不会拥有工厂，但是会把生产任务外包给有实力的工厂，而利丰会负责统筹并密切参与整个生产流程，从事一切产品设计、采购、生产管理与控制以及物流与航运的其他支持性的工作。

5. 整体供应链管理

虚拟生产企业实际上已经是某个产品全面的供应链管理者。在虚拟生产模式的基础上，为了使整条供应链的运作更加合理与顺畅，利丰贸易继续开发更全面的供应链服务。除了负责一系列以产品为中心的工作包括市场调查、产品设计与开发、原材料采购、选择供货商和生产监控外，利丰贸易还监管一系列的进出口清关手续和当地物流安排，包括办理进出口文件、办理清关手续、安排出口运输和当地运输等。另外，利丰贸易亦会选择性地对有潜质的原材料供货商、工厂、批发入口商和零售商等进行挑选。对这些在供应链中占据关键位置的企业进行融资，使供应链上供求双方的各个节点的企业能够以最佳状态运作。事实上，在整体供应链的规划上面，利丰贸易会对整条供应链进行进一步分解，对每个环节进行分析与计划，如制订策略性的库存安排和库存补充等方案，力求不断优化供应链的运作。简单归纳，利丰贸易供应链管理的内容主要目的是为境外买家以合理的价格采购合适的产品并缩短交付周期。可以说利丰贸易供应链的原动力来自客户的订单，根据客户的需求，利丰贸易为每一份订单都创造一条最有效益的供应链，为客户提供具有成本竞争力的产品。

在不断的发展及演进之下，利丰贸易至今已经发展成为一个全球商贸供应链的管理者，其网络已遍布全球38个国家和地区，设有68个分公司和办事处。现时利丰贸易的客户包括欧美著名的品牌如Gymboree、Abercrombie & Fitch、玩具“反”斗城、和路迪士尼、Kohl’s、Avon、Reebok、可口可乐、Esprit、Debenhams、Adams等。部分客户如可口可乐和和路迪士尼都把其下部分采购业务外包给利丰贸易，这种做法体现了企业把非核心业务外包给专业产品公司的供应链管理概念，令企业可以专注发展其核心业务，提升本身的竞争力。简单归纳，利丰作为客户提供的服务主要包括：

（1）从事各项市场调查来了解消费者的需求，为客户提供主要市场的潮流信息。

（2）研究与开发原材料，如布料、花边和电子配件等，以及为客户搜集最新的原材料信息。

（3）根据市场最新的潮流趋势，设计和开发符合市场需求的产品。

（4）根据客户对原材料的需求和不同地区的供应能力进行配对，与客户共同选择最佳的采购国家与地区及制造商，执行无疆界的生产，实现产品全球化的增值。

（5）监控采购、航运和配置原材料与配件到各国工厂。

(6) 在工厂生产过程中亦会提供技术援助，确保产品的质量和各个生产环节都能遵循客户的生产要求。

(7) 为了做到快速反应的生产，不单监控主要生产原料的供应，而且策略性地管理库存和适时适量地补充库存。

(8) 计划组装运输和航运送货服务。

(9) 最重要的一环，就是将信息技术应用到产品开发及寻找新的供货商的环节中，并为境外重要买家客户度身设计网页以达到他们的个别要求。

八、思考与练习参考答案

一、选择题

1. ABCD 2. A 3. D 4. C 5. C 6. A 7. D 8. ABCD 9. B

二、判断题

1. √ 2. × 3. × 4. √

三、简答题

1. 广义采购与狭义采购的区别是什么？

答：狭义的采购是指以购买的方式，由买方支付对等的代价，向卖方换取物品的行为过程。这种以货币换取商品的方式是最普遍的采购。广义的采购除了以购买的方式获得商品外，还可以通过各种不同的途径，包括购买、租赁、借贷、交换等方式，取得物品或劳务的使用权或所有权，以满足某种特定的需求。

由此可见，狭义采购只有通过购买唯一方式获得商品或劳务的使用权或所有权，而广义的采购，除购买的方式以外，还可以通过租赁、借贷、交换等方式取得物品或劳务的使用权或所有权。

2. 简述有形商品采购和无形商品采购的内容。

有形商品的采购可以分为机械设备采购、原材料采购、零部件采购、MRO 采购。

无形商品的采购可以分为技术采购、服务采购、工程采购。

有形商品的采购是采购一些有实体的物品和所需的商品，而无形商品的采购是采购的一种服务、一种信息、一种理念等。

3. 简述集中采购和分散采购的适用条件。

集中采购的适用条件：①大宗或批量货品，价值高或总价高的物品；②关键零部件，原材料或其他战略资源，保密程度高，产权约束多的物品；③容易出问题或已经出问题的物品；④最好是定期采购的物品，以免影响决策者的正常工作。

分散采购的适用条件：①小批量，单件，价值低，总支出在产品经营费用中所占比重小的物品；②分散采购优于集中采购的物品；③市场资源有保证，易于送达，支付较少物流费用的物品；④分散后各基层有采购与检测这方面能力的物品。

4. 简述采购的作用。

(1) 采购的价值作用：在现代企业管理中，采购是最有价值的部分。采购成本是

企业产品成本的主体和核心部分。能否有效地控制和降低采购成本是企业利润增长的关键。

（2）采购的供应作用：在商品生产和交换的整体供应链中，为了满足最终客户的需求，企业都力求以最低的成本将高质量的产品以最快的速度供应到市场，以获取最大利润。从整体供应链的角度看，企业为了获取尽可能多的利润，都会想方设法加快物料和信息流动，这样就必须依靠采购的力量，供应商的可靠性及灵活性，缩短交货周期，增加送货频率，可以极大地改进企业的工作。

5. 采购与供应有什么区别和联系。

（1）采购与供应的联系：采购与供应是相辅相成的，采购是为了供应，而供应则是靠有效的采购支持的。

（2）采购与供应的区别：采购的业务对象是外向的，即从供应链的上游组织资源，向供应商采购有形的商品和无形的商品。供应的业务对象是向内的，为了企业内部的生产和其他职能部门供应所需的资源。采购与供应外部的关系是通过采购部门与供应商的联系体现的。采购与供应内部的关系是通过采购部门与企业各相关部门的联系体现的。

6. 简述采购管理的目标。

采购管理的总目标是保证企业的物资供应。为了保证物资供应的有效性，应通过实施采购管理，在确保适当质量的前提下，能够以适当的价格，在适当的时期，从适当的供应商那里采购到适当数量的物资和服务。采购管理目标可以表述为以下几个方面：

（1）合适的供应商：在采购中要从供应商的整体实力、生产供应能力、信誉等方面来选择供应商，以便建立双方相互信任合作的关系，实现采购与供应的“双赢”战略。

（2）适当的质量：采购商进行采购的目的是满足生产需求，因而采购商品的质量必须能够满足企业生产的质量标准要求。

（3）适当的时间：保证供应不间断，库存合理，不能过早采购而出现积压，占用过多的库存面积，加大库存成本。

（4）适当的数量：在采购中要确定“适当”的采购量，防止超量采购和少量采购。

（5）适当的价格：在采购中应保证采购价格的“公平合理”。如果采购价格过高，则会加大采购成本，产品将失去竞争力；如果采购价过低，则供应商利润空间小，或无利可图，将会影响供应商供货积极性，甚至出现以次充好、降低产品质量以维护供应的现象。

在现实中，以上的目标可能会在采购作业环节中相互冲突，因此采购管理的任务是要在相互冲突的目标中进行权衡，寻找平衡点，以求得企业利润最大化。

7. 简述采购管理的发展趋势。

随着采购环境和供应链管理思想在采购管理中的运用，采购管理未来的发展趋势为：

（1）采购管理一体化：随着供应链管理思想在采购领域中的运用，采购管理要求采购不能够只是遵循自身的原则，而是将生产计划、库存计划、质量检查和采购进行有效的整合，实现采购管理一体化。

（2）采购管理集中化：采购管理集中化可以集中企业的采购力，对整个供应市场产生影响，使采购处于有利地位。同时，采购的集中也有利于对供应商的管理和企业主体资源的优化，增强企业的核心竞争力，从而推动企业的发展。

（3）采购管理职能化：采购部门从生产部门中独立出来，发挥着重要的作用，采购职能也从原来被动的花钱，逐步转向采购需求分析，采购计划和资金占用计划的制订，控制和形成采购供应战略，管理供应链资源和供应商资源。采购部门成为公司核心竞争力的一部分，是公司连接供应商和客户的桥梁，是公司的核心业务部门。

（4）采购管理专业化：采购人员需要了解购买的物品，了解产品的原理、性能要求，了解市场行情价格走势，了解供应商的实力、供应商报价的合理性，实地考察供应保证能力，需要极强的谈判能力和计划能力，在保证供应的同时保证价格和质量标准。这些能力不是一蹴而就的，需要丰富的专业知识和长期的实践积累。作为专业采购人员，需要掌握至少一门符合企业实际需要的采购内容的专业，还需要了解计算机网络、广告、印刷、技术服务等多方面的知识。而资深采购专家则需要项目管理、财务管理、供应链管理等专业技能。

8. 简述供应链环境下采购与传统采购的区别（见表3－5）。

表3－5　　供应链环境下采购与传统采购的区别

	采购目的	采购管理	供需双方关系	采购形式
传统采购	补充库存	立足于企业的内部管理，从采购中获取利益	供应商和需求企业是一种对抗性的买卖关系	典型的需求方主动型采购，需求方为购进企业所需物品进行采购活动
供应链环境下采购	为了订单而采购。采购活动以订单驱动方式进行	注重外部资源管理，充分地调动供应商积极性，增加与供应商的信息联系和相互合作，建立新的供需合作模式	供应商和需求企业是一种战略合作伙伴关系，实现信息共享，利益共享，责任共担	典型的供应方主动型采购，供应方将更多地参与到采购活动中，并发挥着重要作用

9. 简要说明供应链环境下新型采购模式的优越性。

供应链环境下新型采购模式主要有电子化协同采购、准时化采购、B2B在线采购、全球采购四种采购模式。它们与传统的采购模式相比，具有不可比拟的优越性。

电子化协同采购的优越性表现在：①增进长期合作关系，增加供货稳定度；②缩短采购周期；③增加库存周转率；④加强产业关联度。

准时化采购的优越性表现在：①在准时化采购模式下，采购作业通过电子商务，一次把需求方的采购订单自动转换为供应商的销售订单，质量标准经过双方协议，由供应方负责保证，不需要两次检验。②由于信息的通畅和集成，采用设在需求方的VMI方式，把供货的产品直接发货到需求方的生产线，并进行支付结算，因此减少了需求方“订单的下达、接受转换、生产跟踪、质量检验、入库出库”等环节。

B2B 在线采购的优越性表现在：①由于访问容易，能够接触更多的供应商，买方企业无须作任何投资，因此 B2B 在线采购是一种快速降低采购成本的解决方法。②B2B 在线采购是一种使制造商和供应商都能够获得利益的“双赢”的采购模式。

全球采购的优越性表现在：充分地利用全球生产要素资源，在全世界范围内寻求供应商，采购质量最好、价格合理的产品，以保证产品总成本最低。

四、案例分析（仅举一例）

“三种采购现象”背后的观念碰撞

1. 通过上述案例，比较“三种采购现象”的差异。

胜利石油的采购方式是介于传统采购和现代采购方式的中间，致使其采购成本增加，但采购的是产品质量又不是很优的商品。这样的不完全的市场化采购不仅加大采购成本，还会给采购管理造成很多不必要的负担。

海尔的采购方式是全球化网络采购。这种采购模式不仅降低了采购成本，还精简了采购的供应商队伍。这种采购模式给海尔一个全面性挑选供应商的权利，以最低的成本购买最好质量的商品，而且网络信息同样既方便又快速。可以和供应商同时做到信息共享，节约了不少时间。

通用的采购方式是全球化采购，这种方式同样可以用最低的价格购买最优的商品。但同样的一个手段是将信息放到全球的平台上来共享，在采购过程中利用采购组织的优势共同杀价，并及时通报各地供应商的情况，可以把某些供应商的不良行为在全球采购系统中备案，这样在选取供应商的方面减少了不少的麻烦，同时增强了供应商的自觉性。

2. 通用的采购理念和海尔的采购理念有什么不同？

通用的采购理念与海尔的采购理念的不同之处在于：

海尔的采购模式是全球化网络采购，海尔可以将它的供应商转化成为它的设计部和加工厂，也就是说海尔可以将供应商作为其公司的一部分，因此海尔与供应商的关系由传统的供需关系转变为战略合作伙伴关系，这是一种共同发展的双赢策略。

通用的采购模式是全球化采购，即集合公司旗下的各大采购部门设定一个电视会议，将采购信息共享，充分利用组织联合采购进行共同杀价，并且全球供应商的行为可以得到全球通用公司的监督，一旦出现错误，通用的各个公司都会得到信息。

3. 海尔在管理中建立的扁平化模式有何优势？

海尔在采购管理中建立的扁平化模式可以吸引更多的供应商，贴近供应商。有利于与供应商建立战略合作伙伴关系；有利于企业管理人员对采购过程的监控，以避免采购风险。

九、社会实践——调查企业采购理念与运作

学生以小组为单位，由教师推荐各类调研企业，包括商业连锁企业、小型商业企业、小型工业企业、大中型工业企业，或学生自主选择调研企业，调研实际企业的采购

活动、采购运作流程以及相应的采购理念。通过实地调研，小组成员充分讨论，提交实践报告。

学习情境一　分析采购需求

一、学习情境一综述

本学习项目是采购工作的起点，其内容的选择是根据采购人员在进行采购前期的市场调查工作应知应会五件事情而设置了五个任务。希望学生通过学习和训练，能够学会做这五件事情。具体见表3－6。

表3－6

<table>
<tr><td colspan="4">学习情境一　分析采购需求</td></tr>
<tr><td rowspan="5">学时分配（共10学时）</td><td colspan="2">任务1　定义采购需求</td><td>2学时</td></tr>
<tr><td colspan="2">任务2　拟订采购市场调查方案</td><td>2学时</td></tr>
<tr><td colspan="2">任务3　设计采购市场调查问卷与市场调查实施</td><td>2学时</td></tr>
<tr><td colspan="2">任务4　分析整理调查数据</td><td>2学时</td></tr>
<tr><td colspan="2">任务5　撰写调查报告</td><td>2学时</td></tr>
<tr><td rowspan="2">教学目标</td><td>知识目标</td><td>能力目标</td><td>素质目标</td></tr>
<tr><td>1. 了解定义采购需求时所使用的各种规格及特点
2. 了解不同类型的经济体制及其特点
3. 了解对供应商调查时调查问卷的内容及形式
4. 了解如何进行问卷调查
5. 了解分析定性数据和定量数据的一些工具
6. 了解如何把定性数据转变为定量数据的方法
7. 了解调查报告的主要格式及内容</td><td>1. 能够用合适的规格对需求进行定义
2. 掌握采购市场调查方法
3. 能够拟订市场调查方案并设计采购市场调查问卷
4. 能够进行采购市场调查
5. 能够使用必要的分析工具
6. 能够撰写采购调查报告</td><td>1. 培养学生开拓能力
2. 培养学生工作责任心
3. 培养学生协调沟通能力
4. 培养学生捕捉信息能力
5. 培养学生文字写作能力</td></tr>
<tr><td rowspan="2">教学重点</td><td rowspan="2">1. 采购需求的内容
2. 拟订采购市场调查方案
3. 设计采购市场调查问卷
4. 分析工具
5. 采购调查报告的结构和内容
6. 采购调查报告的撰写步骤</td><td>教学难点</td><td>1. 设计供应商调查方案
2. 设计供应商调查问卷
3. 撰写供应商调查报告</td></tr>
<tr><td>解决办法</td><td>通过任务训练，使学生掌握方法，解决学习难点</td></tr>
</table>

续 表

教学工具和载体	多媒体教学设备；教学课件；网络教学资源；教材及参考书；任务单
学生能力的要求	1. 具备物流和供应链管理的基本知识 2. 具备一定的分析问题的能力 3. 具备一定的企业调研能力 4. 具备一定的数理基础，能够运用定性分析方法和工具
教师能力的要求	1. 能够根据教学方法设计教学情境 2. 能够按照设计的教学情境组织教学 3. 能够引导学生进行自主学习，解答学生在实际操作过程中遇到的问题 4. 能够对学生的学习情况进行准确地评价 5. 了解目前商品采购市场的基本行情，能够对学生的调研给予正确的引导

二、关键词

规格：规格是指对产品、程序或服务的描述，用来传递采购需求的基本特性，也用来比较同类或替代产品，通常包括输入规格、功能规格、性能规格、行业标准规格和服务规格。

经济体制：市场是产品或服务因商业目的而发生交换的场所。市场特征很大程度上取决于所在国家的政府对经济决策的参与程度，该特征通常被称为一个国家的经济体制。

市场结构：采购人员关注市场结构主要是了解一个行业中企业数量的多少，考虑买卖者的数量、产品的差异程度、替代品的数量、进出入市场的壁垒，可以把市场分为完全竞争、垄断竞争、寡头垄断和完全垄断等几种类型。

PEST分析：PEST分析是外部环境分析的基本工具，用于分析企业所处宏观环境对于企业各方面所带来的影响。PEST分别代表四类影响企业战略制订因素的英文单词首位字母缩写：政治的（Political）、经济的（Economic）、社会的（Social）、技术的（Technological）。

“五力模型”分析：“五力模型”将大量不同的因素汇集在一个简便的模型中，以此分析一个行业的基本竞争态势。五种力量是指供应商和购买者的讨价还价能力、潜在进入者的威胁、替代品的威胁、来自目前在同一行业的公司间的竞争。

三、课前阅读

《采购环境与供应市场分析》全国高等教育自学考试采购与供应管理专业、中英合作采购与供应管理职业资格证书考试指定教材，机械工业出版社

《采购原理与战略》全国高等教育自学考试采购与供应管理专业、中英合作采购与供应管理职业资格证书考试指定教材，机械工业出版社

《采购绩效测量与商业分析》全国高等教育自学考试采购与供应管理专业、中英合作采购与供应管理职业资格证书考试指定教材，机械工业出版社

《物流中的专业管理知识》第四单元“采购管理”ILT 物流职业资质认证二级教材，北京中交协物流人力资源培训中心

四、网络资源

英国皇家采购与供应管理认证网 http://www.cips.org.cn，其中远程课堂有相关的知识介绍。

英国皇家物流职业认证网 http://www.cltc.net，其中的远程课堂有相关的知识介绍。

中华人民共和国中央人民政府网 http://www.gov.cn，有关政府的政策法规等信息。

五、任务分析（见表 3－7）

表 3－7

任务单元	任务描述	任务目标	涉及的知识	任务成果
任务 1　定义采购需求	运用各项规格指标对企业需要采购的商品进行描述	1. 了解什么是定义采购需求 2. 掌握定义采购需求所使用的各种规格 3. 了解各种规格的特点与适用情况	规格 输入规格 功能规格 性能规格 标准规格 服务规格	采购需求表
任务 2　拟订采购市场调查方案	根据企业的采购需求，制订一个供应商市场调查方案	1. 了解不同经济体制的特点 2. 了解市场结构的特点 3. 了解不同经济体制和市场结构对采购市场调查的影响 4. 掌握拟订采购市场调查方案的步骤	经济体制 自由市场经济 计划经济 混合经济 采购市场调查方案拟订的步骤	供应商调查方案
任务 3　设计采购市场调查问卷与市场调查实施	设计一份供应商的调查问卷，进行调查	1. 能够设计采购市场调查问卷 2. 实施对供应商的调查	调查问卷内容 使用调查问卷的方式	供应商调查问卷

续　表

任务单元	任务描述	任务目标	涉及的知识	任务成果
任务4　分析整理调查数据	根据对供应商的调查情况，进行定性和定量的分析，对供应商进行综合评价	1. 掌握一些必要的分析技术和分析工具 2. 能对所收集的信息和数据整理与分析	PEST分析 五力模型 统计学分析	供应商综合评价
任务5　撰写调查报告	根据前期对供应商的调查和分析，撰写一份供应商调查报告	学会撰写一份市场调查报告	撰写报告的格式	供应商调查报告

六、教学组织与安排

在本学习情境中为了完成上述的五项任务，在每个任务项目的教学中按照“任务导入—讲授知识—学生完成任务—任务成果展示—延伸学习”五步法组织教学。具体见表3－8。

表3－8

教学环节	教学过程和内容	教学方法	时间分配（分钟）
任务导入	描述任务，提出任务的要求，交代完成任务的关键步骤	引入法	10
讲授知识	讲授完成任务所必备的知识要点，同时穿插“实战练习”	课堂讲授法	30
学生完成任务	学生以小组为单位，按照要求，共同完成任务。教师可以适时地进行指导	任务驱动法	40
任务成果展示	每个小组由一名学生将任务的成果进行展示说明，组内其他同学可以进行补充	任务驱动法	10
延伸学习	根据该任务涉及的内容，布置课后进一步学习的知识	指导和建议	课后学习

说明：

1. 课堂活动是以完成一个工作任务、教学课时两节课为一个单元，各个教学环节可根据教学内容进行调整；

2. 在讲授知识点的过程中，可穿插“实战练习”。对于“实战练习”，教师可采用两种处理方式：一是课堂上提出，由学生思考，课后完成，必要时可给予适当的提示；二是在课堂上提出，由学生自由讨论，发表看法，教师给予点评。

本学习情境的教学组织示例（以任务 1 为例，仅供参考）如下文所述：

任务 1　定义采购需求

环节 1——任务导入

使用合适的规格来正确描述企业需求的产品（见教材 P25）。

环节 2——讲授知识

在本次课中涉及的知识点主要是采购需求的内容。采购需求主要包括输入规格、功能规格、性能规格、行业标准规格和服务规格。

环节 3——学生完成任务

以实训项目任务为例，要求学生按照实训要求在规定时间内完成。

说明：给学生布置任务时也可以选取其他企业的采购需求，要求学生用所学过的各种规格正确描述产品需求，制作企业产品需求表。

环节 4——任务成果展示

由各组派一名学生将任务的成果进行展示说明，组内其他同学可以进行补充。

环节 5——延伸学习

在采购外包中，如何准确定义采购需求。

（1）本学习情境是由一个完整的任务进行贯穿，即明确采购需求，对供应商市场进行调查。对供应市场的调查重点是对供应商的调查，是由制订调查方案、设计调查问卷、分析和整理调查数据、撰写调查报告等环节构成。教师在讲授本学习情境时，以教材所给出的各个任务，逐步地带领学生完成各个任务，并给出模板（示例），以免空洞，影响教学效果。

（2）在进行供应商的调查中，设计调查问卷和撰写调查报告是非常重要的两个环节，教师对完成该任务应该补充相应的知识，例如调查问卷的类型，如何设计调查问卷中的问题，调查报告的格式等，并能够从多角度、尽量多地给出范例。

课堂实战练习参考答案

【实战练习一参考答案】（教材 P30）

相关的内容反映了个人笔记本电脑的价格—需求变化情况，在市场经济条件下，许多物品都有类似的变化。需求增加，导致价格提高，会有更多的个人或组织进入相应的市场，使供应增加，价格下降，最后达到供应与需求的平衡，在市场经济中价格是很好的指示器。自由的市场经济中会有一只“看不见的手”，使社会资源达到最有效率的

配置。

但也有所谓市场不灵的情况，比如贫富分化、垄断的形成、外部效应如环境污染等，此时政府就需要对市场进行干预，制定相关的政策法律，减少市场不灵带来的危害。

【实战练习二参考答案】（教材 P30）

计划经济体制的优点：

所有的人都有工作；不像市场经济那样严重消耗自然资源，是一种环保经济；贫富差距不像市场经济那样严重，身份等级差别也较小。

虽然计划经济尚未摸索出形成价格的最佳机制，但随着计算机技术（如 MIS、ERP、网络投票等）的发展，计划经济很可能得以成功运行，迄今人类在这方面的实践不仅不足以否定其存在和发展的可能性，相反为其更好的发展留下了宝贵的经验和教训。

实行计划经济，必须从国民经济实际情况和自然资源特点出发，有计划地安排国民经济各部门之间的发展比例关系，合理地分布生产力，有效地利用人力、物力、财力，搞好生产与需要之间的平衡，促进国民经济协调发展，以满足国家建设和人民日益增长的物质和文化生活的需要。

计划经济存在的弊端：

政企职责不分，条块分割；国家对企业统得过多过死，权力过于集中；忽视商品生产、价值规律和市场机制的作用；分配中平均主义严重。

政府为了减少自由市场经济带来的弊端，必须对市场进行一定的干预。政府的干预必须达到如下主要目标：

降低失业率；促使经济快速增长；控制通货膨胀；保持国际贸易收支平衡。

政府干预经济除了直接提供产品或服务外，更多情况下通过出台相关政策来管控经济，这些政策包括财政和货币两种类型。

【实战练习三参考答案】（教材 P30）

国内的行业协会或行业组织是比较多的，如汽车工业协会、钢铁工业协会、交通运输协会等，这些协会主要是作为行业与政府沟通的桥梁，也对行业的动态有相当的了解。

【实战练习四参考答案】（教材 P33）

老师应适当关注相关的一些信息，有些展览是比较知名的，如北京的车展，还有一些是比较专业的展会，如 IT 产业的展会。参观这些展会不能是一次走马观花的过程，应该提前做好准备，搜集资料，制订调查方案。这是很好的资源和机会。

【实战练习五参考答案】（教材 P42）

简单来讲，政府对模拟电视的限制对于供应数字电视或类似设备的企业来说，意味着一个新的、增长迅速的市场机会。从更广的角度来看，数字技术将允许通过互动电视、多通道电视等这样的技术革新使电视快速增加。所以这为那些从事设备制造、节目制作、广告促销等相关行业的人们或企业带来了一个具有商业潜力的巨大新市场，但同时在这些方面会有和之前不同的方式或方法，积极适应的人们或企业才能抓住这个机会。

七、实训项目

1. 实训目的

（1）检验是否理解有关采购需求分析的理论知识。

（2）检验是否能够实施采购需求分析的全部过程。

（3）培养学生的团队合作精神和创新意识，提高分析问题、归纳总结以及人际沟通的能力。

2. 实训内容和要求

（1）实训项目背景

北美大型汽车企业为了实现成本优化，决定向低成本国家如中国、马来西亚等国家采购大部分乘用车的主要备件。北京 RR 公司作为企业的代理商，受委托负责采购下列产品：

- 轮胎及轮辋组合件
- 前后灯光组合件及车内阅读灯
- 内饰织物
- 刹车系统组合件

RR 公司由供应商开发经理带领四名助理，负责这个项目。

（2）实训项目要求

①使用合适的规格对这些物品进行描述。

②试着对项目中的汽车部件市场进行初步的分析。针对准备采购的轮胎及轮辋，确定市场调查方案，并为市场调查团队确定工作职责与工作任务。

③针对北京 RR 公司准备采购的轮胎及轮辋，请为其设计一份供应商调查问卷。

④对供应商调查以后需要对这些供应商有一个系统的评价，请设计一个评价表，并给每个评价项目设定权重系数。

⑤针对需要采购的这四种部件，为 RR 公司最终提交一份市场调查报告。

3. 实训组织

老师可根据实际情况，以小组的形式开展，4～5 人为一组，学生自选或老师指定小组组长，由组长负责整个小组的实训。

实训项目的实施可以有两种方式：

方式一：学生在学完每个任务以后，实施某个实训子项目，按照实训任务的要求，由组长带领组员完成实训任务，按期提交实训作业，老师检查评估。

方式二：学生在学完成整个学习情境的内容以后，实施整个实训项目。老师应有一个时间表，进行阶段性检查，每个小组都应提交一份正式的报告，老师检查评估。

4. 实训评估

实训要求1：使用合适的规格对这些物品进行描述。

实训评估：

具体用什么规格来描述这些物品并没有唯一标准的答案，关键是根据所采购物品的特点，确定合适的规格形式，此时就需要注意不同规格形式的特点，并且能有效地回避或减少制定规格时经常遇到的问题。老师可以要求学生对所使用的规格进行适当的说明，解释为何使用这种规格形式，根据解释的是否充分合理进行评判。

实训要求2：试着对项目中的汽车部件市场进行初步的分析。针对准备采购的轮胎及轮辋，确定市场调查方案，并为市场调查团队确定工作职责与工作任务。

实训评估：

项目中的汽车主要部件市场，如今已经不必面向日韩市场，中国的生产工艺、产能和技术水平已经发展到世界上流水平，并已经成为国际采购的主要低成本国家（LCC）目标供应市场。汽车配件市场是一个差异化较大的市场，合格供应商少，运输或组合技术含量高，有的工艺复杂，大部分部件很难找到替代品。

在这些分析的基础上，公司的采购部可以建立初步的供应商数据库并做出相应的产品分类。一般可以按照电子类、机械类、辅助材料进行分类。电子类中可进一步分为电路总成、灯光设备等；机械类分为塑料件、金属件等；辅助材料内织物等。

RR公司的供应商开发经理和四名助理的分工和职责分别为：

供应商开发经理：安排市场调查整体进度；保证市场调查目标按期完成；监控协调市场调查进程；确定供应商访问的具体名单。

四名助理分别负责轮胎及轮辋、灯光组件、内饰织物、刹车系统的市场调查，第一周完成行业协会、政府部门及其他渠道的信息收集，为期5天，得出10个以上的初选供应商名单；第二周完成对初选名单的审核，包括互联网信息调查，市场地位，价格对比，访问前电话初步联系。

实训要求3：针对北京RR公司准备采购的轮胎及轮辋，请为其设计一份供应商调查问卷。

实训评估：

对调查问卷的设计，应从以下几个方面评估：

（1）内容是否全面完整，设计的调查供应商问卷中的项目是否能较全面反映供应商的情况。

（2）形式是否方便供应商填写或回答。

（3）问卷的格式设计是否方便以后的分析。

实训要求4：对供应商进行调查以后，需要对这些供应商有一个系统的评价，请设计一个评价表，并给每个评价项目设定权重系数。

实训评估：

评价表要设计如何给供应商每个项目的表现打分，应有一套打分的规则。规则既不能过于简单，使打分的合理性降低，也不能过于复杂，难以掌握。对于设定的权重系数，系数本身的大小不是关键，小组应该说明选定权重系数的理由。

实训要求5：针对需要采购的这四种部件，为RR公司最终提交一份市场调查报告。

实训评估：

对于报告的评估考查以下几个方面：

(1) 报告的格式：报告格式是否规范。

(2) 报告的内容：报告的内容是否充实，是否具有逻辑性。

(3) 报告是否能准确表达作者想要表达的认识或想法。

(4) 如果报告中使用了图或表，这些图或表的使用是否合理，是否能够准确来表达作者的意图。

八、社会实践——某产品供应商的调查

学生以小组为单位，到校企合作的企业，就其原材料或半成品的供应市场进行调查。或每个小组自选一种采购商品，就其对供应市场进行调查。学生可以利用网络搜集一些相关供应商的资料，进行筛选后，对几个重点供应商进行调查。

要求：(1) 设计对供应商的调查方案。

(2) 设计对供应商的调查问卷。

(3) 收集和整理调查数据。

(4) 撰写调查报告。

学习情境二　制订采购计划

一、学习情境二综述

本学习项目是在对组织的采购需求进行分析和调研的基础上，确定采购物品的种类和数量以及采购的时间，进行采购决策，并据此制订采购计划。具体见表3-9。

表3-9

学习情境二　制订采购计划		
学时分配（共10学时）	任务1　把销售计划转变为生产计划	2学时
	任务2　编制中长期采购计划	3学时
	任务3　根据其他部门的计划制订采购计划	1学时
	任务4　制定短期采购决策	2学时
	任务5　制定相关需求的采购决策	2学时

续 表

<table>
<tr><td></td><td>知识目标</td><td colspan="2">能力目标</td><td>素质目标</td></tr>
<tr><td>教学目标</td><td>1. 了解企业中销售计划与生产计划的制订流程
2. 了解销售计划如何转化为生产计划
3. 了解编制采购计划所需要的基础数据
4. 了解如何把生产计划转化为采购计划
5. 了解其他部门的业务计划与采购计划的关系
6. 了解短期采购决策中使用的订货模型
7. 了解相关需求采购中使用的 MRP 软件的原理及计算方法</td><td colspan="2">1. 能够把销售计划转化为生产计划
2. 能够根据生产计划制订采购计划
3. 能够根据其他部门的业务计划制订相应的采购计划
4. 能够应用订货模型作出采购决策
5. 能够应用 MRP 作出采购决策</td><td>1. 培养学生掌握客观公正的处事原则
2. 培养学生严谨工作作风
3. 培养学生协调沟通能力</td></tr>
<tr><td rowspan="2">教学重点</td><td rowspan="2">1. 根据销售计划确定生产计划
2. 根据生产计划确定采购计划(BOM 清单;物资消耗定额)
3. 采购决策(定量订货模型;定期订货模型;安全库存)
4. 运用 MRP 系统制订采购计划</td><td>教学难点</td><td colspan="2">1. 将生产计划转化为采购计划
2. 编制采购计划
3. 短期的采购决策
4. 运用 MRP 制订采购计划</td></tr>
<tr><td>解决办法</td><td colspan="2">通过任务训练，使学生掌握方法，解决学习难点</td></tr>
<tr><td>教学工具和载体</td><td colspan="4">多媒体教学设备；教学课件；网络教学资源；教材及参考书；任务单</td></tr>
<tr><td>学生能力的要求</td><td colspan="4">1. 具备物流和供应链管理的基本知识
2. 具备一定的分析问题的能力
3. 具备一定企业调研能力
4. 具备一定的数理基础，能够运用定性分析方法和工具</td></tr>
<tr><td>教师能力的要求</td><td colspan="4">1. 能够根据教学方法设计教学情境
2. 能够按照设计的教学情境组织教学
3. 能够引导学生进行自主学习，解答学生在实际操作过程中遇到的问题
4. 能够对学生的学习情况进行准确地评价
5. 对各种组织采购流程比较了解，熟悉采购计划制定方法及 ERP 软件的运用</td></tr>
</table>

二、关键词

销售计划：销售计划是组织的重要计划，是为了实现某些营销目标而制订的一系列活动目标和活动安排，是组织制订其他活动计划的基础。

生产计划：生产计划是组织对生产活动制订的活动顺序，是为了保证能够按时、按量、保质地提供产品或服务。

产品结构文件（BOM）：产品结构文件也称物料清单（Bill Of Materials，BOM），是生产某最终产品所需的零部件、辅助材料或材料的目录。物料清单列出了进入母装配件的所有子装配件、中间件、零件和原材料，表明了制造一个母装配件所需的各种零部件的数量。它不仅说明产品的构成情况，而且也表明产品在制造过程中经历的各个加工阶段。

物资消耗定额：物资消耗定额是在一定的生产技术组织条件下，生产单位产品或完成单位工作量需要消耗物资的标准量。

定量订货模型：定量订货模型就是预先设定一个再订货点 R，在日常管理中连续不断地监控库存水平，当库存水平降低到订货点时就发出订货通知。每次按相同的订货批量 Q 补充订货。

定期订货模型：定期订货模型就是按照预先确定的时间间隔，周期性地检查库存量，随后发出订货，将库存补充到目标水平。

安全库存：在实际的库存管理中，需要设置一些额外的库存，以防止发生缺货现象，这些额外的库存称为安全库存。

经济订货批量（EOQ）：使库存费用与订货费用的总值最低的订货数量，这个订货数量就是经济订货批量。

相关需求：相关需求是指对某种物料的需求量直接与由其作为组成部件装配而成的最终产品的需求量有关，如产品制造所需要的主要材料、零件和部件数量的多少都与产成品的生产量直接相关。相关的关系可以通过物料清单（BOM）反映出来。

独立需求：组织中除了相关需求，其他类型的需求都可以认为是独立需求，因为这些需求不能找到与某些特定的需求有直接的比例关系。

物料需求计划（MRP）：物料需求计划（Material Requirements Planning，MRP）是计算生产最终产品所用到的原材料、零件和组件的系统。MRP 用来确定所需相关需求物料的数量和时间，对每项需求都必须进行预测，计算出的物料需求与预测相符。

制造资源计划（MRPⅡ）：人们把生产、财务、销售、工程技术、采购等各个子系统集成为一个一体化的系统，并称为制造资源计划（Manufacturing Resource Planning）系统，英文缩写还是 MRP，为了区别物流需求计划（亦缩写为 MRP）而记为 MRPⅡ。

三、课前阅读

《物流中的专业管理知识》第四单元“采购管理”，ILT 物流职业资质认证二级教材 北京中交协物流人力资源培训中心

《物流中的专业管理知识》第一单元“生产计划”，ILT 物流职业资质认证二级教材 北京中交协物流人力资源培训中心

《物流中的专业管理知识》第二单元“库存计划”，ILT 物流职业资质认证二级教材 北京中交协物流人力资源培训中心

《库存管理》赵启兰　刘宏志主编，全国高等教育自学考试物流管理专业、中国物流职业经理资格证书考试指定教材　高等教育出版社

四、网络资源

英国皇家采购与供应管理认证网 http://www.cips.org.cn，其中远程课堂有相关的知识介绍。

英国皇家物流职业认证网 http://www.cltc.net，其中的远程课堂有相关的知识介绍。

中华人民共和国中央人民政府网 http://www.gov.cn，有关政府的政策法规等信息。

五、任务分析

本学习情境中各个任务的设置，是以制造企业为背景。因为制造企业的管理是最复杂的，难度最大，制造企业的采购管理也是最复杂的。所以掌握了制造企业的采购管理，相对于其他类型的企业，采购管理的复杂性会减少。具体见表 3－10。

表 3－10

任务单元	任务描述	任务目标	涉及的知识	任务成果
任务 1　把销售计划转变为生产计划	当前企业采取以销定产的战略，企业的生产是由销售决定的，计划部门需要根据企业的销售计划和库存计划制订生产计划	1. 了解销售计划和生产计划的内涵 2. 了解销售计划与生产计划的关系 3. 掌握将销售计划转化为生产计划的方法	1. 计划及其分类 2. 销售计划 3. 生产计划 4. 销售计划与生产计划的关系	生产计划表
任务 2　编制中长期采购计划	根据企业的生产计划和实际库存数量制订采购计划	1. 掌握产品的基本结构，能够绘制产品结构文件 2. 了解物资消耗的构成，能够计算产品或某一零部件各部分消耗 3. 根据 BOM 清单和现有库存量确定采购数量，根据采购提前期确定采购时间，由此生成采购计划	1. 产品结构文件（BOM） 2. 物资消耗定额 3. 库存量与采购计划的关系 4. 生产计划与采购计划的关系	采购计划表

续 表

任务单元	任务描述	任务目标	涉及的知识	任务成果
任务3 根据其他部门的计划制订采购计划	企业中除生产采购以外，还包括固定资产、办公用品、促销品等多项采购，采购部门需要根据其他部门的需求计划制订其他物品采购计划	1. 了解企业中其他部门的需求计划 2. 了解企业中其他部门需求计划与采购计划的关系	根据企业中其他部门的业务需求计划的各项指标	促销产品采购计划 固定资产采购计划 备品备件采购计划 办公用品采购计划
任务4 制定短期采购决策	根据企业生产所需的原材料和辅助材料的需求状况确定采购批量和采购时间	运用不同的订货模型确定采购数量和采购时间	定量订货模型 定期订货模型 安全库存	采购数量和采购时间设计方案
任务5 制定相关需求的采购决策	根据BOM清单、主生产计划、库存资料，模拟MRP的计算过程，制订原材料（零部件）采购计划	1. 了解相关需求的特点 2. 掌握MRP的原理与逻辑以及计算过程 3. 运用MRP系统制订物料的采购计划	相关需求 MRP逻辑与原理 MRP的计算过程	产品（部件）MRP计算表

六、教学组织与安排

在本学习情境中为了完成上述的五项任务，在每一个任务项目的教学中按照“任务导入—讲授知识—学生完成任务—任务成果展示—延伸学习”五步法组织教学。具体见表3-11。

表3-11

教学环节	教学过程和内容	教学方法	时间分配（分钟）
任务导入	描述任务，提出任务的要求，交代完成任务的关键步骤	引入法	10
讲授知识	讲授完成任务所必备的知识要点	课堂讲授法	30
任务实施	学生以小组为单位，按照要求，共同完成任务。教师可以适时地进行指导	任务驱动法	40
成果展示	每个小组由一名学生将任务的成果进行展示说明，组内其他同学可以进行补充	任务驱动法	10
点评和总结	教师对学生的成果进行点评，总结完成本任务应该具备的知识和技能，同时布置课后实训任务	课堂讲授法	10
延伸学习	根据该任务涉及的内容，布置课后进一步学习的知识	指导和建议	课后学习

说明：

1. 以上课堂活动是以完成一个工作任务，教学课时为两节课为一个单元，各个教学环节可根据教学内容进行调整。

2. 在讲授知识点的过程中，可穿插“实战练习”。对于“实战练习”，教师可采用两种处理方式：一是课堂上提出，由学生思考，课后完成，必要时可给予适当的提示；二是在课堂上提出，由学生自由讨论，发表看法，教师给予点评。

本学习情境的教学组织示例（以任务1、任务2为例，仅供参考）如下文所述：

任务1　把销售计划转变为生产计划

环节1——任务导入

AAA公司计划部门根据某产品的销售计划制订生产计划（见教材P51）。

环节2——讲授知识

在本次课中涉及的知识点主要是企业销售计划与生产计划的内涵，销售计划与生产计划的关系。

（1）讲清楚销售计划与生产计划的类型。

插入：课堂实战练习

本实战练习的目的，是让学生知道，每个企业都会有自己的销售计划，只不过名称不同，都是为了满足组织发展的需要。此部分教师可以作为课堂讨论的内容。

【实战练习参考答案】（教材P52）

①连锁超市公司：

年度销售计划：可以包括每个门店的销量计划，如各大类的产品的销量；可以是今年公司新增产品的计划；可以是公司整体的促销计划；可以是公司今年新开门店的数量等。

年度生产计划：因为批发零售企业没有加工与制造过程，只是把产品买来再卖出去，所以可以认为采购计划就是它的生产计划。年度采购计划可能包括淘汰的供应商、更换的供应商；与供应商重新签订合同；引进新品的供应商搜寻等。

短期销售计划：可能是具体的某个产品的促销计划；门店内产品布置与安排等。

短期生产计划：涉及具体的如与某供应商的谈判；某类产品下订单、到货的安排等。

②某城市的公交公司：

中期销售计划：可能是今年运送旅客数量计划；新增或调整的公交运输线路的计划等。

中期生产计划：可能是年度的运力安排；年度新增车辆计划；年度的车辆维护计划等。

短期销售计划：可能是某个月份的运送旅客数量计划；可能是某个线路车辆数量的重新调整等。

短期生产计划：可能涉及某条线路运力的调整；可能是某条线路发车时间的安排等。

（2）通过“任务导入”中的示例说明如何将销售计划转化为生产计划，演示任务实施的过程（教材 P53）。

环节 3——学生完成任务

以本任务所附的实训项目作为任务，要求学生按照实训要求在规定时间内完成。

说明：由于本实训项目较大，因课堂时间有限，教师可布置学生完成其中的一部分，其余部分作为课后作业，由小组共同完成。

环节 4——任务成果展示

由各组派一名学生将任务的成果进行展示说明，组内其他同学可以进行补充。

环节 5——延伸学习

组织中各种计划的内涵以及计划表的识读。

任务 2　编制中长期采购计划

环节 1——任务导入

AAA 公司计划部门根据某产品的生产计划制订采购计划。（教材 P56）

环节 2——讲授知识

在本次课中涉及的知识点主要是编制采购计划所需要的基础数据，包括产品结构文件（BOM）和物资消耗定额；库存量与采购计划的关系；生产计划与采购计划的关系。

（1）重点讲授 BOM 和物资消耗定额的内容，可以通过例题的讲解，使学生能够绘制产品的 BOM，能够计算产品的物资消耗定额。

插入：课堂实战练习

课堂实战练习一的目的是让学生了解不同的制造行业都会有自己的物料清单，但形式、结构和复杂性都不相同。课堂实战练习二的目的是让学生进一步了解物资消耗定额的概念。

【实战练习一参考答案】（教材 P58）

医药行业的产品的 BOM 清单也叫配方单或配料单。它的形式不像那些需要进行组装的产品，有多个层次，如汽车产品的 BOM 单会有 6～7 层；BOM 清单的复杂性也大大降低。

【实战练习二参考答案】（教材 P58）

有效消耗就是产品中某种原材料的净含量，如产品中含有 5% 的某种材料，生产 500 千克的产品该种材料的有效消耗就是 5 千克；

工艺性消耗是生产中必要的消耗，是由产品的生产工艺所决定的，如果采用更先进的生产技术会减少这种消耗。比如上例中工艺性消耗是 5%，整体的需求量就是 $5+5\times5\%=5.25$ 千克；

非工艺性消耗可能包括运输、存储中的一些损耗，这些损耗一般是非正常情况下发生的，在实际采购时除有特殊情况外一般是不考虑的。

（2）通过“任务导入”中的示例说明如何将生产计划转化为采购计划，演示任务实施的过程（教材 P58～59）。

环节 3——学生完成任务

以本任务所附的实训项目作为任务，要求学生按照实训要求在规定时间内完成。

说明：由于本实训项目较大，因课堂时间有限，教师可布置学生完成其中的一部分，其余部分作为课后作业，由小组共同完成。

环节 4——任务成果展示

由各组派一名学生将任务的成果进行展示说明，组内其他同学可以进行补充。

环节 5——延伸学习

供应定位模型。

七、实训项目

（一）任务 1 实训项目

1. 实训目的

考查学生是否掌握销售计划转变为生产计划的方法。

2. 实训组织

以学生个人为单位，要求每个学生提交实训作业。

3. 实训评估

可按表 3－12、表 3－13 检查学生作业。

（二）任务 2 实训项目

1. 实训目的

（1）明确物料清单的概念。

（2）明确物资消耗的概念。

（3）掌握年度采购计划的制订。

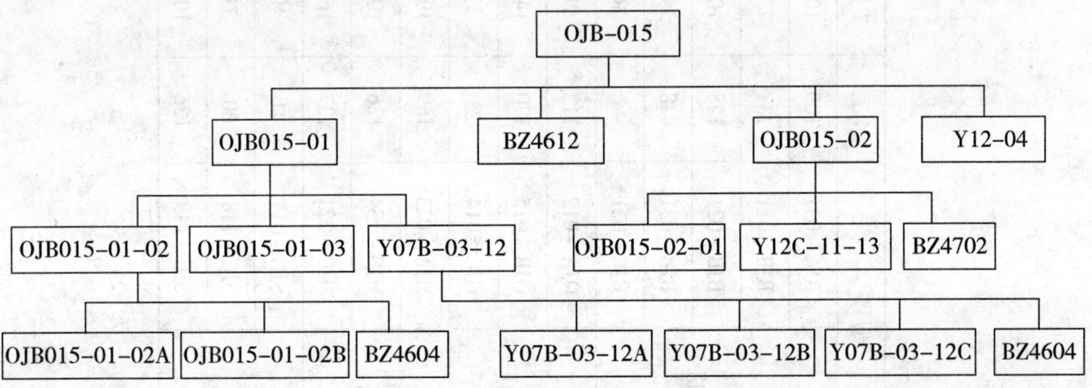

图 3－1　产品结构层次

表 3－12　　存货计划　　单位：台

型号		1月	2月	3月	4月	5月	6月	7月	8月	9月	10月	11月	12月
摆线针轮式减速机	BJA－031	109	100	86	112	126	104	116	94	69	98	76	122
	BJB－011	137	270	242	197	237	170	140	208	248	245	158	161
	BJB－021	128	102	119	102	96	122	92	105	102	120	90	115
	BJB－031	428	386	435	356	396	387	340	330	362	497	543	442
	BJC－021	44	36	33	30	30	52	47	37	26	51	36	28
涡轮式减速机	OJA－012	112	98	134	126	76	132	131	143	85	109	113	90
	OJB－015	170	145	90	90	141	140	100	143	104	85	84	174
	OJC－014	28	37	22	25	26	24	30	39	35	41	39	43
无级式减速机	MJA－023	169	198	235	301	159	149	180	200	175	245	208	213
	MJB－134	126	100	90	165	101	100	115	155	83	95	136	107
	MJC－221	137	160	131	115	125	81	153	180	177	133	125	159
普通三级减速机	SJC－017	41	40	50	55	41	36	39	36	54	39	56	64
	SJC－118	60	71	58	51	55	36	68	80	78	59	55	70
	SJC－219	126	102	75	122	117	77	108	120	76	54	127	84

表 3－13　　生产计划　　单位：台

型号		1月	2月	3月	4月	5月	6月	7月	8月	9月	10月	11月	12月
摆线针轮式减速机	BJA－031	229	242	201	307	329	240	303	213	149	276	170	353
	BJB－011	346	809	579	449	633	358	320	590	661	610	309	407
	BJB－021	340	229	316	240	236	332	201	276	254	318	195	314
	BJB－031	1266	924	1137	812	1031	960	804	816	939	1379	1404	1005
	BJC－021	96	83	80	74	76	153	113	84	56	153	76	63
涡轮式减速机	OJA－012	396	314	484	415	204	497	437	491	226	388	382	280
	OJB－015	602	461	245	303	523	467	296	521	310	266	279	672
	OJC－014	94	134	60	87	90	78	106	139	115	145	130	148
无级式减速机	MJA－023	531	689	821	1071	391	489	631	689	560	889	659	718
	MJB－134	382	309	292	625	273	335	399	559	206	330	495	330
	MJC－221	408	558	409	370	427	229	584	628	589	401	410	567
普通三级减速机	SJC－017	138	135	178	191	123	118	134	117	199	118	206	223
	SJC－118	186	249	181	164	189	102	259	279	261	178	181	251
	SJC－219	380	319	224	454	385	219	393	413	210	161	499	238
合计		5394	5455	5207	5562	4910	4577	4980	5815	4735	5612	5395	5569

2. 实训组织

以学生个人为单位，要求每个学生提交实训作业。

3. 实训评估

（1）实训项目1

（2）实训项目2

采购部门只能采购直径50mm的材料，因为直径40mm的材料没有任何的加工余量，无法加工出合格产品。

有效消耗＝（p×40×2/4×50＋p×35×2/4×20＋p×25×2/4×30）×7.85/1000/1000＝0.76（千克）

工艺性消耗＝p×45×2/4×100×7.85/1000/1000－0.76＝1.311－0.76＝0.551（千克）

非工艺性消耗＝p×50×2/4×100×7.85/1000/1000－1.311＝1.618－1.311＝0.307（千克）

见图3－2所示。

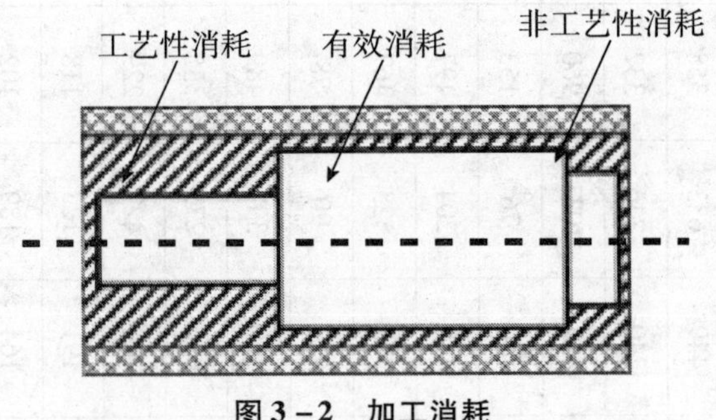

图3－2　加工消耗

（3）实训项目3

请按表3－14检查学生作业。

表3－14　　单位：件

OJB－015	0	1月	2月	3月	4月	5月	6月	7月	8月	9月	10月	11月	12月
计划生产量		602	461	245	303	523	467	296	521	310	266	279	672
Y12A－04	0	1月	2月	3月	4月	5月	6月	7月	8月	9月	10月	11月	12月
需求量		602	461	245	303	523	467	296	521	310	266	279	672
存货量	723	121	0	0	0	0	0	0	0	0	0	0	0
净需求量		0	340	245	303	523	467	296	521	310	266	279	672
采购到达		0	340	245	303	523	467	296	521	310	266	279	672
采购计划发出		340	245	303	523	467	296	521	310	266	279	672	

（三）任务4实训项目

1. 实训目的

（1）清楚日常采购决策对组织的影响。

（2）哪些因素对合理的采购决策产生影响。

（3）如何改进存货管理。

2. 实训组织

老师可以进行课堂讨论，也可以作为小组作业，由小组提交一份简要的报告。

3. 实训评估

本实训项目背景是一个小的案例，所以实训任务实质是要提交一份案例分析报告。老师主要从以下几个方面考查报告的质量。

（1）提出问题。案例主要涉及三个问题：物资定额的问题、库存记录的问题、采购人员工作量的问题。

（2）分析问题原因。物资定额不准确的原因是采购人员不能准确掌握使用量的变化情况；库存记录不准确的原因是记录的方式与方法都是手工检查与记录库存量；采购人员工作量大的原因是订货方式采用的是定量订货的方式，这种订货方式工作量相对要大。

（3）提出改进的建议或方案。报告应提出改进建议或改进方案，应说明这些建议或方案如何针对问题的原因来解决问题。

（4）报告文字、描述的逻辑性与条理性。

（5）报告的答案不是唯一的，老师应鼓励学生开拓思维，但必须阐明理由。

（四）任务5实训项目

1. 实训目的

考查对MRP原理与计算过程的掌握程度。

2. 实训组织

以学生个人为单位，要求每个学生提交实训作业。

3. 实训评估

老师可以按表3－15～表3－18检查学生作业。

表3－15　　OBJ－015

周期	0	1	2	3	4	5	6	7	8
总需求量		135	150	120	155	120	130	90	100
预计到达量		120	140						
预计现存量	145	130	120	0	0	0	0	0	0
净需求量					155	120	130	90	100
计划订货到达量					155	120	130	90	100
计划发出订货量			0	155	120	130	90	100	

表 3－16　　OJB015－01

周期	0	1	2	3	4	5	6	7	8
总需求量		0	0	310	240	260	180	200	
预计到达量		0							
预计现存量	0	0	0						
净需求量			0	310	240	260	180	200	
计划订货到达量				310	240	260	180	200	
计划发出订货量		0	310	240	260	180	200		

表 3－17　　Y07B－03－12

周期	0	1	2	3	4	5	6	7	8
总需求量		0	620	480	520	360	400		
预计到达量		0							
预计现存量	0	0	0	0	0	0	0		
净需求量		0	620	480	520	360	400		
计划订货到达量		0	620	480	520	360	400		
计划发出订货量		620	480	520	360	400	0		

表 3－18　　Y07B－03－12A

周期	0	1	2	3	4	5	6	7	8
总需求量		620	480	520	360	400	0		
预计到达量		0							
预计现存量	1230	610	130	410	50	450			
净需求量				390		350			
计划订货到达量				800		800			
计划发出订货量									

八、经典案例

案例 1　BZ 公司采购经理工作日记

本案取材于一位多年从事采购活动的人士的工作日记。案例以讲故事形式表现采购日常运作所遭遇的种种问题以及相应的解决办法，比如部门冲突、加急订货、缺货和库存积压等。

1. 公司背景

BZ 公司是一家以机械制造为主要经营范围的制造型外资企业。其主要产品为精密温控仪器，广泛应用于各种温控系统中，如中央空调、保鲜等领域。该企业引进国外的先进生产技术，产品技术含量很高，在同行业中有很高的知名度，而且产品的性能价格必优于其他竞争对手的同类产品，因而市场前景看好。

BZ 公司如同大多数外资企业一样在华经历了 3 个发展阶段。BZ 公司在华发展第一阶段，首先在中国成立办事处，进行市场推广，搞宣传，扩大市场知名度，通过代理的方式，将自己的产品原装进口到中国。这一阶段也称为市场试水阶段。随着产品市场接受程度增高，BZ 公司发现如果一味依赖原装产品进口，成本太高，货期也难保证。因为中国客户一般订货计划性不强，要求的交货时间短，属于立等可取类型。而欧洲供货方强调按订单生产，通常来自中国的订单交货周期在 2 个月左右。因此，BZ 公司在华发展进入第二阶段，即投资设厂，这一阶段主要特点是企业的生产以装配为主，大部分零部件通过母公司从海外采购。随着产品市场日益成熟和竞争对手的模仿，产品竞争更加激烈，制造商需要不断降低产品价格同对手周旋，这时，BZ 公司进入了第三阶段，即外资企业进入供应商国产化阶段。

李穆南小姐从中专毕业来到以欧洲为背景的 BZ 公司已经快 6 年了。在这些年中，李小姐工作兢兢业业，认真钻研业务，业务能力赢得公司上下的认可，而且在繁忙的工作之余，她还修完了国家自学考试工商管理本科课程。凭借出色的工作经历，李小姐的职务如芝麻开花节节高，现在已荣升为公司采购经理。难能可贵的是，李小姐 6 年来坚持写工作日记，记录自己和部门的工作得失。下面的部分就摘自李小姐的部分工作日记。

2. WX－280 的加急采购

BZ 公司进入发展第二阶段时，业务呈现一片欣欣向荣的景象，销售额记录不断刷新。在公司产品中，有一款温控仪器，型号为 X－280。该产品上市初期，由于设计先进，性能卓越，加之市场上同类产品很少，市场需求不断增加。X－280 在近两年的时间里，成为 BZ 公司的一个很好的利润增长点。X－280 温控器的精密热敏部件 WX－280 需要从欧洲原装进口，以保证整体温控产品系统对温控对象的精度精确的感知。

某日，销售部接到一个非常大的订单。一个华北区的大客户刚刚成功竞标一个国家级项目。该项目需要 100 台 X－280 温控仪器，但交货时间紧，要求交货期为 2 周。销售部在没有和其他部门沟通的情况下便向客户确认了该订单。

当订单处理人员把该订单录入系统之后，采购与供应部发现库中的 WX－280 仅有 30 台，并且这部分库存已经安排订单，只是离客户要求的交货期还有 1～2 个月。采购与供应部当即向海外供应商紧急订购 100 套 WX－280。但是供应部很快接到海外供应商的订单确认，明确说明该单货物最早于 4 周后发货，无法满足 BZ 公司交货时间要求。

原来在成熟的欧洲制造业很多工厂实行“见单生产”，即他们只有在接到客户的正式订单以后，才向其供应商订货，组织生产。欧洲的制造前置期一般在 4 周以上，加上海运 1 个月的运输时间（班轮的运输时间），货到中国后办理进出口、清关手续至少 1 周的时间，再加上原材料到工厂后 2～3 周的国内生产时间。因此，在国内 WX－280 没有库存的情况下，从BZ公司的销售部接到客户的订单到产品生产完毕，至少需要3~4个月的总前置期，这么长的交货期根本无法满足华北大客户的需求。

怎么办？海运肯定是不能满足需求的，即使改用空运，也要1个月的交货期。而且WX-280每套净重20千克，空运费用将会是一笔不小的开支。换一个供应商呢？不行，该产品是海外供应商为BZ公司特制的，也就是说，WX-280只有一个供应商。经过公司开会研究，为了履行对客户的承诺，公司决定采取以下办法来解决这个难题：

(1) 销售部与华北大客户充分沟通，希望在2周后先交30台X-280温控仪器，随后的2周内，交齐剩余货物。

(2) 供应部与海外供应商协调，将交货期提前至2周。用空运的方式运出100套WX-280，提前做好所有的进口手续及通关、内陆运输各环节的准备工作。

(3) 生产部先将库存的30套WX-280用于生产，待空运原材料到厂之后，组织加班，1周内完成生产。

(4) 物流部门安排30套X-280的运输确保及时到达华北大客户处。

在实际的操作中，由于国外供应商确实不能一下发出100套WX-280，所以经过沟通，改为分两批发货，终于保证了货物准时到达。

公司对X-280加急时间事后总结如下：

(1) 销售部在跟客户签订合同时，应先向公司内部人员询问库存状况，再根据客户的具体需求签订合同，避免加急采购。

(2) 对于采购前置期较长的零部件，根据以往的销售情况，酌情加大库存量。

3. 采购依据变更

很久以来，BZ公司由于市场需求还没有到膨胀的状态，公司一直采用“见单生产和见单采购”的原则，并且结合以往的历史销售记录，制订采购计划。随着公司产品市场需求不断增加，原有的采购模式已无法满足市场的要求。供应部提出销售部直接接触市场，接触客户，直接了解市场需求。因此要求销售部每月根据市场变化，做出3个月后的销售预测，以便采购部门提前备货，满足市场的需求。总经理同意了供应部的请求。该方案运作了3~4个月后，效果很好，库存充足，生产安排井然有序，已经很少有客户由于交货期的问题再投诉。

4. X-280库存之患

X-280需求经历过一段高速增长之后，订单量急剧下降。什么原因导致该产品提前进入衰退期？原来市场上同时出现许多X-280的替代产品。其他公司采用国内的部件，生产出许多质量虽不及X-280，但价格却相对比较低的产品，所以导致X-280的订单量急剧下降。而BZ公司的供应部并未得到相关的市场反馈，还保有大量WX-280在库中。等到发现实际订单与原预测有很大差异时，许多货物已经在从欧洲到中国的路上了。

新的问题出现了——库存太高。为什么会有这么高的库存呢？供应部对以往的预测和实际销售量进行了分析，发现销售人员一般都比较乐观，喜欢多下计划，以便随时提货。如果有一些订单因为种种原因没有签下来，销售人员也不会向总部取消计划中的这部分采购。曾有一个订单涉及一个援外的项目，订单量为100多台设备。由于伊拉克战争，该项

目被搁置了，但销售人员没有把新的变化通知采购部门。而采购人员对市场并不是很了解，还是按照原来的计划采购，结果该部分的原材料形成高的库存积压。还有一部分原材料由于市场的变化，很少有客户订购，也造成库存积压。

供应部将该信息反馈到总经理处，没想到受到了总经理的严厉批评，指出销售部的乐观是正常现象，供应部应该追踪订单，确保库存尽快降下来，并责成财务部来督办。

在财务部的大力推动下，许多原有虚拟订单被删除，供应部连续两个月的采购额，只及原来的1/3。库存在1～2个月内很快降了下来，财务部经理的脸上露出了笑容。

5. 部门冲突——确定合理的库存水平

财务部经理脸上的笑容尚未消退，新的问题又出现了。因为销售市场火暴，不仅消耗了原来的库存，而且还产生了大面积的缺货，很多货品出现数百台的短缺。而且短缺最多的就是从欧洲采购的精密仪器部件。因为国内的采购可以很快补过来，国际采购则因采购前置期太长，无法迅速补充。这时销售部不仅不能履行对客户一周交货的承诺，还有大批已经到期的合同无法交货。公司甚至动用大规模的空运以弥补不足，最大的一单，仅空运费就高达十几万元。高额的运费使成本迅速增加，但更多的时候空运是治标不治本。缺什么，补什么，导致不断有小件货物需要空运，生产也无法顺畅地安排下去。于是各部门纷纷抱怨，互相指责。

生产部反映，由于产品销售量的增加，需要维修的部件也相应增加，那么原本在计划中用于生产的部分部件被临时用于维修了，结果导致相当一部分机器不能按计划生产。通过给销售部协调，销售部表示，为了客户的利益和公司的信誉，宁可由于部分元件短缺而造成产量下降，也不能降低对客户的服务水平。

财务部抱怨库存周转率不高，资金利用率不高，认为供应部工作效率不高。大家都觉得供应部的工作没有做好，不是缺件，就是库存高。供应部觉得更委屈：我们天天加班，没日没夜地干活，供应不足或剩余有多种原因，怎能全都是供应部的错？到底是哪里出现了问题？经过大家的讨论，发现问题如下：

（1）大家对销售预测的准确性重视不够

销售预测的准确性不高直接导致采购计划的失真，而且生产部是按照实际的销售订单来排产的，供应部是按照销售预测来采购的，预测与现实之间的出入，直接导致了库存积压或货物短缺。

（2）客户服务水平过高

按客户服务部经理的报告，客户服务一直要求要达到客户满意率为99.5%。在供应链管理中，我们追求以最低的成本达到预期的服务水平。这个服务水平的高低，直接影响着库存水平。如果产品的需求呈正态分布，99%的服务水平所需要的库存，可能比95%的服务水平所需要的库存多出近1/3。这意味着1/3的库存只是为了提高4个百分点的服务水平所准备的，其代价和成本自然也是极其昂贵的。因此，在进行采购和生产计划之前，确定一个合理的服务水平和库存水平是非常必要的。

（3）物料清单的准确性

由于采购计划以物料清单为基础，所以其准确与否直接决定采购人员是否买回了所需要的物料。一件由几百种零件组成的产品，往往会由于缺少一两个部件而无法组装，无法向客户交货，而且99%的部件不得不留在库中等待最后缺件的到来。这样造成库存资源的极大浪费，不仅占用资金，而且占用仓库。用于补救的措施多会采用空运，甚至用DHL紧急订购缺件，给公司造成很大的浪费。

例如，有一个从欧洲采购的精密部件PX33温控保护装置。该装置属于选配件，但由于这种保护装置可以使温控设备的主机避免由于发生故障而烧掉，有类似于漏电保护的功效，销售部在进行销售的时候，一般推荐客户选配该部件。但在物料清单中，该部件作为选配件并不在其列。每一次供应部根据销售部的销售预测和物料清单进行采购的时候，无法从系统中得到这种温控保护装置的数量，只是根据以往的历史记录来推算预计的采购数量。但这种历史推算很难跟得上现在市场的变化，该货物经常遭遇短缺的境地。

(4) 内部运作与外部销售的沟通不足，部门间的沟通也不足

这不仅反映在市场反馈不足，而且大家对于其他部门的工作及需求不了解、不理解，也不关心。

通过对上述问题的讨论，大家意识到在企业飞速发展的情况下，各部门一定要很好地协作和沟通，才能跟得上企业发展的步伐。公司的解决方案是这样的：

(1) 提高销售预测的准确性

各部门一起参加如何做好销售预测的培训，提高对销售预测的重视程度。由人事部对销售员进行销售预测准确率的考核，将销售预测的准确程度与其奖金挂钩。

(2) 提高客户服务水平的要求

首先分析其合理性和可行性，销售部和供应部紧密配合，结合公司的采购环境，分析销售趋势并确定出一个合理的库存水平，提交总经理批准。如果认为这样的库存仍然太高，那么就需要相应地调低客户服务水平。该库存水平由供应部专人跟踪。

(3) 对于维修的零部件

由客户服务部制订维修备件需求计划，由供应部根据计划单独作备件的储备，避免维修件打断正常的生产安排，如果有特别情况的确需要调拨生产线上的部件，须有销售总监的批准。

(4) 制订合理的采购计划

要有合理的采购计划，并时时调整再订购水平和经济订购批量。

(5) 技术部负责核对所有物料清单的准确性

要消灭由此产生的误采购。根据实际情况酌情调整物料清单，将80%的客户都选配的部件按照必选件采购，对于少数不选配的客户，由销售部每月底通知供应部调整数量，避免积压库存。

(6) 加强与国外供应商的沟通

在国外供应商实行“见单生产”、“零库存”的情况下，尤其要与他们保持密切、有效的沟通，通过年度采购计划和季度采购计划的形式通知供应商及早做出生产和发货的准备。这样可以紧密地跟踪货物的生产情况，及时处理突发事件，敦促供应商及时、准确地发货。

(7) 积极推进供应商国产化的速度

应尽量减少国际采购部件，尽量减少国际运输。这样可以大大缩短采购前置期，增强企业对市场反应的灵活性。

6. 供应商国产化

随着温控产品市场日益成熟，产品竞争进入白热化。BZ 公司为了适应市场形势，加快了供应商国产化的步伐。在国产化的过程中，采购的重心在供应商的认证和评估工作。由于国内市场良莠不齐，很多小公司都没有一个如 ISO 9000 等的质量管理体系，更不要说质量实验室，所以对供应商的选择和认证，采购环境的建立是后面采购工作得以顺利进行的基础。

供应部不久就拿到了技术部提供的国产化清单。第一个要进行国产化的是一种不干胶。“这种东西应该很好找呀。”采购员拿着不干胶的实物，心里这样想。现在搜寻一下市场情况吧。

(1) 搜索信息

先从不干胶行业入手，从网上搜索制造不干胶的厂家。同时将需求信息发布在阿里巴巴网上。这是一个很好的采购平台，当你有采购需求时，可以将相关的详细信息和图片发布在上面。还可以通过阿里巴巴网的搜索功能，筛选出需要的类别和地域，随时了解意向供应商的公司情况。如果对方有贸易通，那么就可以通过贸易通在网上即时沟通。如果对方不在线，还可以给对方留言以取得联系，非常方便。

(2) 筛选供应商

供应部自从将不干胶的信息发布出去后，接到了许多厂家的联系信息。在目前信息爆炸的年代，如何从铺天盖地的广告、推销中识别有用的供应商信息？供应部从自身业务出发，根据实际需要，设计了一份“供应商调查表”，分资质、企业性质及规模、所占市场份额、技术水平、研发能力、生产工艺状况、生产设备使用情况、质量控制体系、企业管理水平等多角度全方位了解供应商情况，从中筛选出意向供应商三家。

(3) 考察供应商

在对供应商提供的资料、样品进行充分的研究之后，还要对这两家供应商进行实地考察，看一看其实力如何。在实地考察的过程中，供应商按照“供应商实地考察评分表”，对其厂房、设备、人员状况、质量跟踪等各方面进行现场评估，杜绝“李鬼”浑水摸鱼，降低采购风险。

(4) 评估供应商

经过两轮的考察和充分的技术沟通，供应部通知这三家意向供应商制造样品，说明该不干胶不仅需要按照规定的尺寸生产，最重要的是该不干胶在贴到仪表盘的玻璃上，经过几道工序的处理后，还能从仪表盘上揭下来，并且仪表盘上没有任何背胶的残留物质。专业术语讲叫“不移胶”。

三家公司很快就将生产的样品送到供应部，经过现场的实验和质量检测，有两家符合要求。供应商的样品试制过程往往需要双方的技术人员不断沟通，反复改进，最后出来的产品才可能达到企业的要求。而企业在提供供应商的样品之前，往往视其技术含量和保密程度的要求，与意向供应商签订保密协议，以防止技术泄露。在样品通过检测之后，公司中的各相关部门如质量部、技术部、生产部、财务部等会同供应部分项目进行评估，最后进行加权汇总，得出一个综合得分，作为供应商认证的依据。在该不干胶的供应商评估过程中，质量、技术部和生产部对其样品质量给予评分。供应部从价格、交货期、付款条款、工厂规模和生产线的角度给予评分。最后选取北京燕郊的一家不干胶专业生产厂家作为合格供应商，另外一家作为备用供应商，向总经理报批。

国产化是一个国际产品和技术与国内厂家磨合的过程，需要耐心地培养供应商，无论是在技术还是管理上，都对其予以支持，旨在培养长期合作伙伴。

(5) 供应商认证

认证是指供应商通过企业考核，得到许可成为企业合格供应商，可以向其进行采购活动的过程。经过上述几个环节全方位的考察，根据供应商的实际表现和得分，可以将符合企业要求的供应商纳入合格供应商清单，建立良好的采购环境。

总经理批准向不干胶供应商进行批量采购后，由法律部准备合同，正式开始该部件的小批量采购。第一批交货，数量为5000枚，经过质量检测部门的检验，有少部分边线裁切不齐，并有少量移胶现象，信息反馈回供应商要求将不符合要求的部分重新生产。第二次订货，产品质量稳定，将其正式列入合格供应商清单中。

(6) 卖主评估

对于得到认证的供应商，即使其样品通过检测，为了确保以后的产品质量始终如一，也要通过一定的监控评估手段，对卖方进行不间断的跟踪管理，用制度和流程来控制质量。这样的手段就是卖主绩效评估体系。

卖主评估体系主要从以下几个方面以加权的方式考察供应商：

①质量：质量对于制造业来说是重中之重，它是企业开拓市场的基石，因此，给予最高的权重。质量的权重，一般占评估总权重的一半以上，该项的评估分数由质量检测部门给出。

②货期：是商品可得性的保障，交货期的稳定对于减少断货点作用很大。那么怎样量化到货准时率呢？供应部从与该供货商的第一笔交易开始，记录该供应商应到货时间和实际到货时间，根据这些历史数据，来计算到货准时率。

③服务：这里是指综合服务，包括售前、售后服务，沟通和信息反馈的及时性，特殊订单的反应速度，发票出具的及时和准确性等。

④价格：采购价格是企业产品的主要成本，价格每低一分，相当于净利润增加一分。

⑤投诉：投诉是对卖方不良绩效的一个记录，据此反映以上各方面其具体表现。

根据上述各项评分，不干胶的供应商由于质量稳定、价格合理、服务周到，被评定为A级供应商，在下一年的合作中与其签订了年度采购协议。

(7) 国产化的影响因素

在国产化的过程中，有几个因素直接影响企业的国产化进程。

①企业内部的技术支持：由于制造业的行业特点，许多部件均含有相当的技术含量。国内制造的产品要与国际接轨，主要是要达到国际先进的技术水平。所以需要非常强大的

技术支持和全程的技术沟通。没有技术支持，几乎谈不上国产化。供应部曾经搜索过一个聚四氟乙烯的环，在国产化的过程中，由于技术指标和要求不明确，导致许多厂家不明白企业的技术需求，当厂家把自己的样品寄至供应部后，技术部门或质监部门不能判断其质量好坏，从而使该零件的国产化程度一度受阻。

②国产化的目标：国产化零部件是以达到这些部件本身的功能要求为目标。有的企业觉得国产化就是将进口部件百分之百地复制出来，达到取代进口部件的目的。为了达到这个标准，可能需要付出许多额外成本，以达到“形神俱似”的目标。合理化的国产化目标是影响国产化进程的重要因素。比如说上面提及的不干胶标签，在国产化过程中，已经找到合适的厂家，产品质量几乎与国外产品一样，只是颜色深浅稍有不同。一个是深黄，一个是浅黄。这时我们就要考虑这种功能上完全达标但颜色略有差异的国产品能否满足我们的需求，如果我们一定要国产品无论在功能和外观上都与进口产品完全一致，那么可能公司需要为此支付更多的费用。

③公司领导的支持：国产化精密的进口部件，对任何一个公司都是一项挑战，是一项长远的工程，因此需要高层领导的大力支持。发展和培养供应商也需要投入相当的人力物力。

案例2 某公司战略采购计划的实例（见表3-19）

表3-19

规划内容	年份				
	2002	2003	2004	2005	2006
年供应成本降低幅度（%）	20	20	20	15	15
BOM库存（天）	45	40	35	25	20
BOM外购比例（%）	60	65	70	80	90
标准件比例（%）	30	35	40	50	70
BOM供应商数目	400	300	250	200	150
供应商早期介入比例（%）	5	10	15	18	25
ISO 9000认证供应商比例（%）	40	60	75	85	95
来料免检比例（%）	50	60	70	80	85
平均交货批次准时率（%）	85	90	95	97	99
平均交货周期（天）	20	15	12	8	5
JIT供应商比例（%）	10	15	35	50	70
集中采购比例（%）	40	60	70	80	85
招标采购比例（%）	50	70	80	75	60
网上采购比例（%）	10	30	40	50	60
绿色采购比例（%）	2	5	8	10	15

续表

规划内容	年份				
	2002	2003	2004	2005	2006
管理现代化程度	MRP	MRP Ⅱ	ERP	ERP	ERP
供应链管理比例（%）	2	5	20	25	40
废弃材料比例（%）	4	3.5	2.8	2.5	1.5
采购人员本科以上学历比例（%）	40	50	70	80	90
采购人员年培训小时	30	40	50	55	60
采购人员轮岗的比例（%）	10	12	15	15	12

九、社会实践——采购计划的编制

学生以小组为单位，以实地调研为主，各小组自主选择目标企业，进入企业的采购部门获取一些编制采购计划的最新数据，按照理论要求将数据有效地整合在一起，编制出合理的采购计划。并与企业中的实际采购计划进行比较，分析其中的差别。针对企业采购计划中存在的问题，提出具体的（或多种）解决措施，并比较各种解决方案的优缺点。

如果企业数据难以获得，可以由教师模拟数据和环境，也可以在图书馆、互联网上搜集一些相关资料，分析采购计划的编制过程，完成整个实践活动。

学习情境三　实施采购

一、学习情境三综述

当企业完成采购计划工作后，就开始具体的采购实施工作。实施采购的过程均包括明确采购需求、进行采购谈判、签署采购合同及履行采购合同等内容。具体见表3－20。

表3－20

学习情境三　实施采购		
学时分配（共12学时）	任务1　制定采购文件	2学时
	任务2　进行采购谈判	4学时
	任务3　签订采购合同	2学时
	任务4　履行采购合同	4学时

续 表

<table>
<tr><th></th><th>知识目标</th><th colspan="2">能力目标</th><th>素质目标</th></tr>
<tr><td>教学目标</td><td>1. 理解采购实施过程
2. 理解合同基本条款的含义
3. 了解不同采购方式及其适用范围
4. 掌握谈判各阶段的任务，谈判各阶段应遵循的原则和策略
5. 掌握合同履行过程中的主要管理内容</td><td colspan="2">1. 能够独立编制采购文件
2. 能够组织采购谈判
3. 能够根据合同条款监督合同执行情况</td><td>1. 培养学生爱岗敬业的职业道德
2. 培养学生建立法律意识
3. 培养学生协调沟通能力
4. 培养学生团队协作精神</td></tr>
<tr><td rowspan="2">教学重点</td><td rowspan="2">1. 制定供应商选择的标准
2. 采购文件的内容与格式
3. 采购谈判的策略与技巧
4. 采购合同履行中的管理问题</td><td>教学难点</td><td colspan="2">1. 制定供应商选择的标准
2. 采购谈判的策略与技巧</td></tr>
<tr><td>解决办法</td><td colspan="2">通过模拟教学、角色扮演等教学方式，使学生从中体味理论知识，并且恰当地运用，解决教学难点问题</td></tr>
<tr><td>教学工具和载体</td><td colspan="4">多媒体教学设备；教学课件；网络教学资源；教材及参考书；任务单</td></tr>
<tr><td>学生能力的要求</td><td colspan="4">1. 掌握一定的物流和供应链的理论知识
2. 具备一定的经济法和心理学的知识
3. 具备一定的逻辑思维能力、谈判能力和应变能力
4. 具有一定的组织和驾驭事务的能力
5. 具有较好的文字能力，能够编写采购文件，草拟采购合同</td></tr>
<tr><td>教师能力的要求</td><td colspan="4">1. 能够根据教学方法设计教学情境
2. 能够按照设计的教学情境组织教学
3. 能够引导学生进行自主学习，解答学生在实际操作过程中遇到的问题
4. 能够对学生的学习情况进行准确地评价
5. 对采购合同的签订和履行具有较深理论功底和较丰富的实践经验</td></tr>
</table>

二、关键词

采购需求：采购需求是指对采购标的的特征描述。要实施采购就一定要搞清楚采购需求，好的采购需求能够合理、客观反映采购标的的主要特征以及要求供应商响应的条件，符合适用原则、非歧视原则，并能够切合市场实际。

采购文件：采购文件用于获得潜在卖方的报价或建议书。此类文件应包括相关的合同工作说明书，对所期望的应答方式的描述，以及所需的合同条款（例如，一份合同范本、保密条款）。政府机构合同发包时，采购文件的部分或全部内容以及编排格式，可能要依据相关的条例与法规。不同类型的采购文件包括投标邀请书（IFB）、征求建议书（RFP）、询价书（RFQ）、招标通知、谈判邀请以及承包商初步建议征求书。市场是产品或服务因商业目的而发生交换的场所。

谈判：谈判有广义与狭义之分。广义的谈判是指除正式场合下的谈判外，一切协商、交涉、商量、磋商等，都可以看做谈判。狭义的谈判仅仅是指正式场合下的谈判。

合同条款：合同条款是合同条件的表现和固定化，是确定合同当事人权利和内务的根据。即从法律文书而言，合同的内容是指合同的各项条款。因此，合同条款应当明确、肯定、完整，而且条款之间不能相互矛盾。否则将影响合同成立，生效和履行以及实现订立合同的目的，所以准确理解条款含义有重要作用。

采购订单：企业采购部门向原材料、燃料、零部件、办公用品等的供应者发出的订货单。

三、课前阅读

《采购与供应链管理》（第二版）第三篇、第四篇　中信出版社。该书运用大量动态实例，论述了世界范围内顶尖采购经理人对供应链研究的最新进展，剖析了采购与供应链管理的发展方向及热门论题，更加深刻地反映了采购与供应链的结合与实施过程中所必须遵循的原则、步骤以及相关措施。

《采购与供应谈判》北京中交协物流人力资源培训中心全国高等教育自学考试采购与供应管理（本科）教材、中英合作采购与供应管理职业资格证书考试指定教材

《采购管理务实》 人民交通出版社“十一五”规划教材 教育教学改革项目推荐教材

《商务谈判：理论、技巧、案例》中国人民大学出版社

四、网络资源

英国皇家采购与供应管理认证网 http://www.cips.org.cn，其中远程课堂有相关的知识介绍。

英国皇家物流职业认证网 http://www.cltc.net，其中的远程课堂有相关的知识介绍。

政府采购网 http://www.ccgp.gov.cn，由中华人民共和国财政部组织，覆盖全国范围的政府采购信息网站。

五、任务分析

本学习情境是以一个服务采购项目为背景，详细地说明采购实施的各个环节。从教材中向读者展示的一个标准的采购过程来看，采购过程可以分为采购申请和审批、采购谈判、采购合同的起草与签订、采购合同的履行等主要环节，据此设置本学习情境中的各项

任务。具体见表 3－21。

表 3－21

任务单元	任务描述	任务目标	涉及的知识	任务成果
任务 1　制定采购文件	制定采购文件是实施采购的第一步，制定采购文件的过程中首要解决的问题是明确采购需求	1. 能够准确地描述采购需求 2. 掌握采购文件概念和内容 3. 能够编制采购文件	1. 采购需审批流程 2. 采购文件的基本结构	招标邀请文件
任务 2　进行采购谈判	采购文件发布后，潜在供应商将在规定时间内提交采购应答文件或投标书，有效应答文件数符合采购方式所规定的最低限度时，采购方即可开展评标或商务谈判工作	1. 了解采购谈判的基本概念 2. 掌握谈判前准备的细节 3. 了解常见谈判策略 4. 掌握制订谈判计划的方法 5. 了解谈判的一般流程	1. 采购谈判基本原则 2. 采购谈判目标 3. SWOT 分析模型 4. 谈判策略及其意义 5. 谈判预演及其必要性 6. 谈判流程	1. 采购谈判方案 2. 采购谈判纪要 3. 采购谈判总结
任务 3　签订采购合同	当买卖双方对采购标的的相关细节达成共识后，要以正式书面形式将共识记录在案，其过程即为签订采购合同	1. 了解合同的基本概念 2. 掌握谈判前准备的细节 3. 熟悉签约流程及注意事项	1. 合同及分类方法 2. 合同基本条款 3. 合同管理的组织设置	签约申请
任务 4　履行采购合同	当事人订立合同后，需要实现合同的全部内容。履行合同涉及具体物资的运输、检验、仓储、付款和索赔等工作，这一系列的工作是通过采购管理系统来控制的	1. 了解采购管理系统主要构成 2. 掌握进货验收的步骤 3. 熟悉支付流程 4. 掌握违约处理流程	1. 进货验收的必要性 2. 进货验收的基本要求 3. 货款结算方式 4. 常见的违约处理方式	付款申请

六、教学组织与安排

由于本学习情境的实践性较强，在教学中除讲授必要的基础知识以外，应特别注重对学生操作技能的培养和训练。本学习情境的一个标准的任务项目的教学过程仍可以按照“任务导入—讲授知识—学生完成任务—任务成果展示—点评和总结—延伸学习”六步法来组织。但是还要辅助于模拟教学、角色扮演等多种教学形式。具体见表 3－22。

表 3－22

教学环节	教学过程和内容	教学方法	时间分配（分钟）
任务导入	描述任务，提出任务的要求，交代完成任务的关键步骤	引入法	10
讲授知识	讲授完成任务所必备的知识要点	课堂讲授法	30
学生完成任务	学生以小组为单位，按照要求，共同完成任务。教师可以适时地进行指导	任务驱动法	30
任务成果展示	每个小组由一名学生将任务的成果进行展示说明，组内其他同学可以进行补充	任务驱动法	10
点评和总结	教师对学生的成果进行点评，总结完成本任务应该具备的知识和技能，同时布置课后实训任务	课堂讲授法	10
延伸学习	根据该任务涉及的内容，布置课后进一步学习的知识	指导和建议	课后学习

说明：

以上课堂活动是以完成一个工作任务、教学课时以两节课为一个单元，各个教学环节可根据教学内容进行调整。

本学习情境的教学组织示例（以任务 1 为例，仅供参考）如下文所述：

任务 1　制定采购文件

环节 1——任务导入

制定采购文件主要是要确定采购的标的物。目前在一些大宗物品的采购中，经常会采用招投标的方式，本项任务的学习目标是在招投标的采购方式下，学会拟定招标邀请文件和投标书邀请文件，并通过一定的方式进行发布。

环节 2——讲授知识

在本项任务中，涉及的知识点包括采购需求及其审批、采购文件的概念、内容和基本结构以及采购文件的发布形式。

教学建议：

为了使学生对本项任务的内容有更加明确、直观的认识，可以使用教材提供的采购需求说明书和采购邀请文件等范例，在教学中进行展示，可以帮助学生完成课堂训练任务。

环节 3——学生完成任务

教师给学生布置任务，要求学生按照要求在规定时间内完成。

（1）课堂训练任务的素材可以由教师提供，也可以布置学生在课余时间搜集，由教师审核后使用。课堂训练的任务可以在课堂上临时布置，要求学生当堂完成，也可以提前布置给学生，要求学生事先做好准备，在课堂上以小组为单位，组员充当不同的角色共同完成。

（2）本项任务的训练包括：招标邀请文件的填写和投标邀请文件的填写，在课堂中选用一个做练习即可，另一个可作为课后作业。

（备注："招标邀请文件的填写"训练见本学习情境"实训项目"）

环节4——任务成果展示

由各组派一名学生将任务的成果进行展示说明，组内其他同学可以进行补充。教师在听取各组汇报时，可以参照以下评分标准对各组进行打分。

环节5——总结和点评

教师对各组汇报的成果进行点评。在点评中，除了发现学生完成任务的亮点，一定要指出存在的问题，这样有助于学生学习水平和操作水平的提高，使学生在今后的工作中使用正确的思维和工作方法。

环节6——延伸学习

招投标采购流程。

七、实训项目

（一）任务1实训项目：编制一份技术服务采购文件

1. 实训目的

通过独立编制一份技术服务采购文件，掌握采购文件的编制过程。

2. 实训评估要点

具体选择哪类技术服务没有固定要求，可以参考政府采购网发布的招标文件编制，该文件并没有唯一标准的答案，但应该包括如下内容：

（1）采购文件名称、编号、发布人及联系方式。

（2）投标人须知，包括适用范围、名词定义等。

（3）应答书（建议书）编写格式，包括应答书的组成（基本资质、报价、货期、有效期等）、对报价有效期及签署格式的规定等。

（4）应答书递交时的密封及标记等。

（5）应答书评议原则，招标采购要求公布供应商选择标准。

（6）合同授予相关规定及合同格式。

（7）采购内容或采购工作说明书。

（8）相关附件表格。

关键是根据所采购物品的特点，确定合适的采购方式（如公开招标、邀标、询价、竞争性谈判等），老师可以要求学生对所采用的采购方式进行适当的说明，解释为何使用这种采购方式，根据解释的是否充分合理进行评判。

参考答案：

A公司采购管理部将采购方式通报总经理室及相关部门，在获得总经理批准后向三家供应商发出采购文件，基本格式如下：

A公司C－Case技术服务竞争性谈判采购邀请文件

编号：200411009

A公司采购管理部

2004年11月

投标人须知前附表

序号	内容
1	内容：A公司C－Case技术服务竞争性谈判采购邀请文件
2	需提供的应答书：正本1份，副本3份
3	截止时间：2004年12月1日15:30时
4	说明：A公司重申，只认可投标人应答书、澄清函及谈判中的价格和服务承诺，对于通过其他途径提供的承诺，A公司将遗憾地表示拒绝接受

A公司本次邀请具有C－Case技术服务能力的投标人参与本项目采购。

（1）产品名称：C－Case技术服务。

（2）应答书提交：

方案应答书提交至A公司（地址：××市××区××路××号，邮编：1000××）。

方案应答书电子文档2004年12月2日9:00时后发至a163@163.com。

（3）应答书纸质文件提交时间：2004年12月1日15:30时前（逾期恕不接受）。

（4）联系人及电话：

联 系 人：张扬

电　　话：010－12345678

传　　真：010－22345678

（二）任务2实训项目：模拟采购谈判训练

1. 实训目的

通过组织一次模拟采购谈判，掌握采购谈判前、中、后各过程的实施细节，学会在谈判中运用谈判策略。

2. 实训组织

（1）全班学生分为若干组，每个小组由 4 人组成。

（2）每组 4 位学生的分工：1 名主谈人，2 名专业技术人员，1 名谈判记录人员。

（3）谈判小组根据谈判内容提前准备资料。

（4）谈判小组成员应准备好条幅、桌椅和身份牌。

3. 实训评估要点

本项训练没有标准答案，老师针对各组在采购谈判三大阶段的表现。

（1）模拟谈判的总体要求。

①自选谈判主题。

②自选谈判对手。

③按照谈判议程进行。

④草拟谈判方案，进行谈判记录。

⑤每次谈判不超过 45 分钟。

（2）模拟谈判各个阶段的具体要求。

①计划阶段：进行谈判小组成员分工，设置谈判桌，做好身份牌；准备好交易产品资料，一份交易合同或协议书。

②开局阶段：两组学生快速进入角色，进入摸底阶段——介绍各自来意，谈判人员的情况，产品情况，企业情况。

③谈判阶段：就采购价格、采购数量、售后服务等关键问题进行谈判，达成一致后，签订合同（或协议）。

（3）模拟谈判的考核标准。

①谈判计划制订的是否详细、周到、灵活（15 分）。

②谈判过程是否规范（20 分）。

③价格谈判策略和技巧的运用是否得当（25 分）。

④小组分工是否明确，组员是否有协作精神，是否按照分工完成了任务（15 分）。

⑤小组谈判过程准备是否充分，是否很好地执行了谈判方案（15 分）。

⑥实训报告是否按照要求完成（10 分）。

参考答案：

采购项目组会议纪要

时　间	2004 年 12 月 2 日上午 10:00
地　点	930 会议室房间
参加人员	财务管理部：石民 质量管理部：刘杰 采购管理部：徐刚、张扬
	会议主持：徐刚

续 表

<table>
<tr><td>目的</td><td colspan="3">审阅应答书
确定后续工作</td></tr>
<tr><td>会议内容</td><td colspan="3">北京时代科技有限公司、北京神州科技有限公司、北京金至科技有限公司三家按时有效应答，应答报价如下：
名称　应答报价（元/年）
北京时代科技有限公司　550000.00
北京神州科技有限公司　610000.00
北京金至科技有限公司　520000.00
采购组将按采购计划与三家供应商展开商务谈判工作。</td></tr>
<tr><td>参会者签名</td><td colspan="3"></td></tr>
<tr><td>填表人签名</td><td>徐刚</td><td>填表日期</td><td>2004 年 12 月 2 日</td></tr>
</table>

关于 C－Case 技术服务采购的工作报告

根据总经理室例会对《关于 C－Case 技术服务采购的请示》的批示，采购小组已按照计划完成该项采购的商务谈判工作，现汇报如下：

11 月 20 日，上报采购计划（附件 1），并得到领导批复；

11 月 31 日，召开需求说明会，向三家供应商说明需求并发出竞争性谈判邀请函；

12 月 2 日，收到北京时代科技有限公司、北京神州科技有限公司、北京金至科技有限公司三家供应商应答（附件 2）；

12 月 2 日，组织审阅应答；

12 月 3～15 日，采购组分别与三家供应商进行三轮谈判进行谈判；

12 月 16 日，接收三家供应商最终报价及承诺，三家供应商均保证收到中标通知后即履行服务义务；

12 月 17 日，根据三家供应商的最终应答，采购组依照《竞争性谈判邀请书》中评议原则和《采购工作计划书》中本项目采购《供应商评估表》确定的评价方式，对三家供应商统一进行了综合评价，结果如下：

公司名称	应答报价（元/年）	最终报价（元/年）	综合得分
北京时代科技有限公司	550000.00	440000.00	265.88
北京神州科技有限公司	610000.00	460000.00	240.01
北京金至科技有限公司	520000.00	455000.00	232.89

综上，采购组建议与综合评价得分最高的北京时代科技有限公司合作，拟签约服务价格 440000.00 元/年，完成本次采购。

妥否，请领导批示。

附件：

1. 采购计划书
2. 供应商应答
3. 谈判记录
4. 综合评价表

C－Case 技术服务采购组

2004 年 12 月 18 日

（三）任务 3 实训项目：针对任务 2 中实训项目的谈判结果，为其设计一份采购合同

1. 实训目的

通过设计采购合同，了解和认识采购合同样本，熟悉合同的相关条款和主要内容。

2. 实训组织

（1）学生分成若干合同设计小组（一个组以 4～6 人为宜）。

（2）分供需双方企业代表签订合同小组，按合同基本条款设计合同并分组填写。

（3）教师提供部分合同范本，提出合同相关条款资料及要求。

3. 实训评估要点

对采购合同的设计，应从以下两个方面评估：

（1）内容是否全面完整，设计的合同中是否能较全面反映采购需求。

（2）合同是否方便执行。

表 3－23　　采购合同设计的考核评分表

考评人		被考评人	
考评地点			
考评内容	采购合同设计训练		
考评标准	具体内容	分值（分）	实际得分（分）
	清楚合同的主要产品的内容，认识合同的重要性及对基本条款内容的把握	20	
	明确合同主要条款与相关法律条款关系	20	
	清楚签订合同的一般运作过程与编制程序	25	
	合同的填写字迹清楚、规范、工整	15	
	对合同的基本款编制填写过程出现的问题能够及时解决，懂得合同的管理	20	
合　计		100	

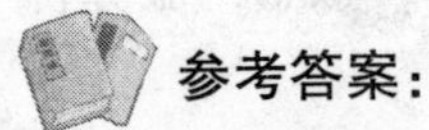

参考答案：

编号：ACC200412001

A 股份有限公司与北京时代科技有限公司

CC 软件采购合同

甲方名称：A 股份有限公司	乙方名称：北京时代科技有限公司
地　　址：×市×区×路甲 1 号	地　　址：×市×区×大厦
邮　　编：100071	邮　　编：100025
电　　话：	电　　话：
传　　真：	传　　真：
联 系 人：	联 系 人：

根据《中华人民共和国合同法》的规定，合同双方就乙方向甲方提供 CC 软件产品，并完成培训服务以及相关的咨询和开发服务事宜，经协商达成一致，确立本合同，以明确双方的权利、义务，确保合同双方共同执行。

【第一条】定义和解释

1. 定义。在本合同中，除非上下文另有规定，下列术语具有如下含义：

（1）“甲方”指 A 股份有限公司，包括其在全球范围内的分行、支行、分理处、储蓄所、代表处或其他各分支机构；

（2）“乙方”指［北京时代科技有限公司］；

（3）“软件产品”指乙方根据本合同向甲方提供并完成开发的CC 软件；

（4）“交付物”应具有工作说明书（定义见下文）中所规定的定义；

（5）“服务”指乙方根据本合同提供的任何服务；

（6）“维护”指本合同［另行签订的维护协议］项下向甲方提供的维护服务；

（7）“升级”指乙方发布的替代本合同项下提供给甲方的软件产品、用以增加、改进或扩展现有软件产品基本功能和能力的替代版本；

（8）“技术文档”指为满足软件产品二次开发、升级和维护的需要，乙方在本合同项下需向甲方提供的相关文档以及经双方协商一致的需向甲方提供的相关文档，包括工作说明书（定义见下文）中规定的相关文档；

（9）“源代码”指以可读形式存在的、非可执行的计算机程序指令序列，根据源代码以及有关源材料和文档可辨析该计算机程序的逻辑、算法、内部结构和操作性设计特性；

（10）“安装”是指为了开发、测试、生产和灾难备份等需要而将本软件产品装入中国银行指定的计算机设备；

（11）“工作说明书”指作为本合同附件 1 的项目执行计划，包括项目介绍、执行概要、项目范围和目标、项目组织、项目沟通、项目管理过程、实施阶段任务与交付、培训与知识

转移、实施和上线、项目计划、开发环境和需求、项目标准和质量保证程序等内容；

(12)“工作日”指除周六、周日或中国有权政府部门适时公告的法定假日之外的任何一天；

(13)“日”指公历日并应包括星期六、星期日和假日在内；

(14)“知识产权”指专利、专利申请、商业秘密、著作权、著作权登记和申请、人身权和所有其他知识产权和专有权的总称，无论上述权利根据任何适用法律产生，包括所有因侵犯或侵占任何上述权利而产生的权利或诉因；

(15)“里程碑”是指附件中所规定的由乙方在本软件开发过程中阶段性完成的，并具有相对独立性的部分软件或模块。

2. 解释。除非清楚地表明相反意思或上下文另有规定，在本合同以及任何其他合同文件中：

(1) 若付款日适逢非工作日，则顺延至次一个工作日付款；

(2) 标题，条款编号，斜体字，粗体字及划线，仅为方便查阅，不影响本合同之解释；

(3) 本合同之附件为本合同之一部分；

(4) 本合同经双方共同协商订立，不得因一方起草了本合同或其他任何条款，而按照不利于该方的原则来解释合同条文。

【第二条】采购内容

甲方同意根据本合同规定的范围和条件从乙方采购CC软件采购项目软件产品，并获得相应的知识产权许可，以及相应的服务；乙方同意根据本合同规定的范围和条件向甲方提供CC软件采购项目软件产品，并进行相应的安装、运行（含试运行）、维护、提供质量保证、培训、技术支持和现场服务等以及本合同规定的任何其他服务。

此外，根据合同的性质、目的和交易习惯，对于本合同未明确规定但对于实现本合同目的所必须提供的服务或信息，乙方应根据专业的合理判断负责提供。

【第三条】甲乙双方的义务

1. 甲方向乙方提供客户开发所需的信息、数据、环境以及其他的合理支持和便利条件。

2. 在乙方按照合同约定履行相应义务的前提下，甲方应按合同约定进行付款。

3. 如根据项目具体情况的变化，甲方需适当调整本项目有关需求项，应在［2004］年［12］月［20］日之前提出，在该日期之后对需求项提出增加、删除和修改均视为变更需求范围，应由双方另行协商签署补充协议确定。

4. 乙方向甲方提供明确详细的需求分析报告，如在项目实施过程中需变更需求，应书面报甲方确认，在取得甲方确认后方可变更。

5. 乙方应按本合同第五条规定的时间和地点交付并安装软件产品，并在本合同第七条规定的时间内通过测试验收。

6. 乙方保证所交付的软件产品具有实用性、安全性、可靠性、先进性、可扩充性、易维护性。

7. 乙方接受甲方确定的监理单位或监理人员依授权执行的工程监理。

8. 乙方负责按本合同第七条的规定，提供高质量的培训，确保甲方接受培训的人员能够充分和适当地使用本合同项下软件。

9. 软件产品验收合格后，如确有必要对软件产品进行修改，乙方保证相关修改能够满足甲方关于生产变更的管理要求。

10. 乙方应按甲方的要求，免费［或以优惠的价格］提供升级服务。

11. 鉴于乙方已将本合同项下的软件产品转让给甲方，因此乙方在本合同之外无权以任何方式再处置该软件产品，并不得以任何形式以该软件产品获利，包括但不限于：

（1）不得许可第三方使用该软件产品；

（2）未经甲方书面同意，不得自行对该软件产品进行修改和升级；

（3）不得许可第三方使用修改和升级后的系统。

12. 未经甲方书面同意，乙方不得在所交付的软件产品中附带其他非合同项下的产品。

13. 乙方应按本合同的规定提供其他服务。

14. 本合同项下双方的任何权利义务不因合同双方发生收购、兼并、重组、分立而发生变化。如发生上述情况之一，则本合同项下的权利和义务随之转移至收购、兼并、重组和分立之单位。如甲、乙在本合同项下的各项权利和义务由甲、乙双方之分立单位分别承受的，则在甲、乙双方与甲、乙双方之分立单位分别享有和承担相关的权利和义务。

【第四条】知识产权

1. 在不影响本合同其他条款有关知识产权许可及/或转让的约定的前提下，在本合同生效时已经存在并为各方合法拥有或使用的所有技术或资料、信息的知识产权和所有权，仍应属于其各自的原权利人所有或享有。

2. 乙方保证拥有由其提供给甲方的所有软件的合法使用权，并且已获得进行许可的正当授权及其有权将软件许可及其相关材料授权/转让给甲方。甲方可独立对本合同项下软件产品进行后续开发，不受版权限制。乙方承诺并保证甲方除本协议的付款义务外无须支付任何其他的许可使用费，以非独家的、永久的、全球的、不可撤销的方式使用本合同项下软件产品。

3. 乙方保证其提供的软件产品未侵犯第三人之著作权、商标权、专利权等知识产权，不会侵犯任何第三人的商业秘密或对任何第三人构成不正当竞争，如因此与第三人形成争议、诉讼或仲裁案件，由乙方承担全部责任，并负责赔偿甲方由此而遭受的全部损失。同时乙方需提供全力支持防止因上述侵权给甲方带来的直接和预期的损失，包括但不限于提供甲方继续使用本合同项下的软件而需取得的第三方授权、修改本合同项下软件使其至少在功能上可以替代原技术、提供功能上相等的使甲方可以达到原合同目的的其他软件，并承担因此而产生的所有的费用。

4. 乙方对软件系统客户化前的标准版软件产品拥有著作权，但对于在本合同履行期间可能使用到的乙方或者第三方所拥有的技术或相关信息的知识产权，乙方授权甲方在本合同项目范围内使用。甲方对本合同履行期间产生的成果（包括客户化开发所取得的全部工作成果以及实施过程中所产生的所有技术文件）拥有全权，包括知识产权、所有权及相应的利益。乙方不对合同项下的成果具有任何知识产权和申请知识产权的权利，甲方享有

署名权在内的全部知识产权及申请知识产权的权利。

【第五条】软件产品交付的时间、地点和方式

1. 乙方应在［签订合同后5天］，将本合同项下的软件产品交付至甲方指定的地点，并负责安装、调试。乙方在交付软件产品的同时应提供技术文档。

乙方向甲方提供技术文档的义务是持续的。乙方还应在质保期届满之前对技术文档进行升级，所有升级应与已提供给甲方的原技术文档具有同等质量。

2. 甲方指定的交付地点为：［　　　　　　］。

3. 本合同项下的软件产品在甲方指定的交付地点交付给甲方后，软件产品的所有权以及知识产权或知识产权许可转移至甲方。

【第六条】软件产品验收

1. 乙方将系统安装到位后，甲、乙双方共同进行验收、测试。

2. 验收标准：［请根据实际需要填写验收标准，例如：甲方按设计要求进行验收，如有不符，乙方有责任继续完善、修改，直至甲方认可软件的验收、测试无问题］。

3. 双方在验收后，应签署验收报告。如果发现软件产品未达到验收标准，甲方有权要求乙方进行修改、完善，但应于验收后［15］日内，向乙方提出书面修改要求和处理意见。如甲方未按规定期限提出修改要求的，视为验收合格。乙方在接到甲方书面修改要求后，应在［7］日内提出处理意见，否则，即视为同意甲方提出的要求和处理意见，应当遵照执行。如经修改、完善仍达不到验收标准，甲方有权解除合同，并要求乙方赔偿由此给甲方造成的损失。

【第七条】合同价款与付款方式

1. 本合同总价款为：　￥440000.00

2. 本合同价款按以下方式支付：

（1）安装调试后付款：占合同总价款的80%。乙方完成本合同软件产品的安装及调试并经甲方认可后10个工作日内，凭甲方签字确认的安装及调试工作完成证书以及相关单据支付。

（2）余下合同总价款的20%，分两次支付，在软件产品正常运行每满1年后10个工作日内支付10%，凭安装运行满1年证明以及相关单据支付。

如乙方未严格履行本合同义务，在不影响甲方任何其他权利或补救的前提下，甲方有权扣留或推迟支付任何到期款项，直至乙方履行义务或以甲方满意的方式进行补救。

3. 乙方户名、开户银行名称和账号为：

户　名：北京时代科技有限公司

开户行：××银行北京分行××支行

账　号：　　　　　　　　

【第八条】质保期、培训

1. 本合同所购软件产品的质保期为2年（包括至少两年的维护服务）。质保期自甲、乙双方在验收报告上签字之日起开始计算。质保期内，乙方向甲方提供版本升级和日常维护服务。

2. 质保期内乙方的主要任务包括但不限于：[请根据实际需要规定质保期内乙方的义务，例如：对系统的运行维护提供技术支持、对运行中的故障进行检测和修复等]。在质保期内，如乙方接到甲方的求助信息，应在[2]小时内响应，并在[24]小时内解决问题。在质保期外，甲方可委托乙方继续提供有偿服务，乙方承诺参考本合同价格提供优惠的服务价格，但年维护费不超过本合同金额的[20]%。

3. 合同签订后，乙方应根据本合同中约定的技术培训内容以及甲方的要求提供技术培训。培训目标为使受训者能够独立、熟练地完成操作，实现依据本合同所规定的软件系统的目标和功能。

【第九条】保密

1. 在本合同履行期间及履行完毕后的任何时候，任何一方均应对因履行本合同从对方获取或知悉的保密信息承担保密责任，未经对方书面同意不得向第三方透露，否则应赔偿由此给对方造成的全部损失。

2. 保密信息指任何一方因履行本合同所知悉的任何以口头、书面、图表或电子形式存在的对方信息，具体包括：

(1) 任何涉及对方过去、现在或将来的商业计划、规章制度、操作规程、处理手段、财务信息；

(2) 任何对方的技术措施、技术方案、软件应用及开发，硬件设备的品种、质量、数量、品牌等；

(3) 任何对方的技术秘密或专有知识、文件 、报告、数据、客户软件、流程图、数据库、发明、知识及贸易秘密。

无论上述信息是否享有知识产权。

3. 如需要，乙方应根据甲方的要求签署相应的保密协议，保密协议与本条款存在不一致的，以保密协议为准。

【第十条】违约责任

甲方的违约责任包括：

甲方中途要求停止开发，应向乙方支付本合同总价款[5]% 的违约金，因乙方违约及本合同另有规定的除外。

乙方的违约责任包括：

1. 乙方不能在本合同第五条规定的时间内交付软件产品的，应在交付日之前[10]个工作日内通知甲方，如甲方不再需要，可解除合同，如甲方需要，乙方应提交合格的软件产品，并向甲方支付合同总价款[5]%的违约金并赔偿甲方的损失。

2. 乙方所交付的软件产品不符合合同规定的，应在[7]个工作日内负责修改、完善，并承担因此产生的全部费用。乙方不能在前述时间内完成修改、完善，或者修改、完善后的软件产品仍不符合合同规定的，甲方有权退货，并要求乙方按合同总价款的[5]%承担违约金。

3. 乙方所交付的软件产品带有病毒及/或恶意代码的，应在[2]个工作日内解决，并承担因此产生的全部费用。乙方不能在前述时间内解决的，甲方有权退货，并要求乙方

按合同总价款的［5］%承担违约金并赔偿甲方损失。

4. 乙方不能按本合同要求提供软件产品的版本升级和日常维护服务的，应向甲方偿付合同总价款的［5］%的违约金并赔偿甲方的损失。如果此等违约造成本合同项下软件产品的使用目的无法实现的，甲方有权解除合同并主张除违约金以外的损害赔偿。

5. 乙方不能按本合同要求提供培训服务的，应向甲方偿付合同总价款的［2］%的违约金。如果此等违约造成本合同项下软件产品的使用目的无法实现的，甲方有权解除合同并主张除违约金以外的损害赔偿。

6. 乙方不能按本合同要求提供所承诺的服务人员的，应向甲方偿付合同总价款的［2］%的违约金。如果此等违约造成本合同项下货物的使用目的无法实现的，甲方有权解除合同并主张除违约金以外的损害赔偿。

7. 如果发生声称本合同项下软件产品侵犯他人专利、版权、商标权或商业秘密等权利而针对甲方提起索赔或诉讼仲裁的情况，除下款另有规定外，乙方应支付由此而产生的全部费用及赔偿金。如甲方将第三方提起索赔或诉讼仲裁的情况及时通知了乙方，并且授权乙方独立应诉和解决索赔问题，则乙方将自费应诉，并支付全部费用、和解赔偿金和由于该案最终裁定或判决而支付的赔偿金。如果依照中华人民共和国法律，甲方不能实现授权乙方独立应诉和解决索赔问题，则甲方可以选择独立应诉或与乙方联合应诉，乙方将承担由此而支付的全部费用、和解赔偿金和按最终裁定或判决而需要甲方或乙方支付的赔偿金。如果乙方不积极应诉或解决纠纷，甲方为自身利益有权独立应诉、与第三方做出任何重大决定，包括庭外和解、法庭抗辩，乙方将承担由此而支付的全部费用、和解赔偿金和按最终裁定或判决而需要甲方或乙方支付的赔偿金。

在处理索赔或诉讼仲裁的过程中，乙方应尽力为甲方取得继续使用该软件产品的权利，或者将该软件产品替换或修改，以便使用该软件产品不再侵权。如果乙方不能合理地完成这些补救措施，并且甲方必须停止使用侵权的软件产品，作为不得已的最后手段，乙方将按［　支票　］方式退还侵权软件产品的价款和为侵权软件产品已支付的许可费。对于仅因使用并非由乙方提供的软件产品，或仅因乙方执行了甲方的设计、规格或指示而导致的与使用本合同项下软件产品相关的侵权追诉，乙方对甲方不承担任何赔偿责任。

【第十一条】不可抗力

不可抗力，系指地震、台风、水灾、火灾、战争等不能预见、不能避免并不能克服的，直接影响本合同履行的意外事件。对本合同履行不产生直接影响的意外事件，不构成不可抗力。

如果出现不可抗力，双方在本合同中的义务在不可抗力影响范围及其持续期间内将中止履行。经另外一方确定不可抗力影响时间，不计入本合同执行时间，本合同执行时间相应顺延。合同期限可根据中止的期限作相应延长，但需双方协商一致。任何一方均不会因此而承担违约责任。但是，一方迟延履行本合同同时发生了不可抗力，迟延方的违约责任不能免除。

受不可抗力影响的一方，应当尽可能采取合理的行为和适当的措施减轻不可抗力对履行本合同所造成的影响。没有采取适当措施致使损失扩大的，该方不能就扩大损失的部分要求免责。

受不可抗力影响一方应在不可抗力事件发生后［3］个工作日内将不能履行本合同的原因书面通知对方，并提供有效的证明文件。

不可抗力影响结束后，受影响一方应在［2］个工作日内书面通知对方。

如果不可抗力影响超过［15］天，各方可协商解决此后的合同执行问题。如果各方在相应顺延的［3］天内未能协商一致，各方均有权解除合同。

【第十二条】其他

1. 按合同规定应该偿付的违约金、赔偿金和各种经济损失，应当在明确责任后［5］日内付清，逾期按应支付金额的日万分之［3］计收利息。依据本合同乙方应向甲方支付前述款项的，甲方有权自行从应付合同总价款中扣除充抵。

2. 解决合同纠纷的方式：因执行本合同而发生的争议，由当事人双方协商解决。协商不成，双方同意按以下第［1］种方式处理：

(1) 由位于 北京 的北京仲裁委员会依据其当时有效的仲裁规则做出最终裁决，双方必须遵守；

(2) 提交甲方所在地的人民法院解决。

3. 在本合同履行期间及履行完毕的任何时候，未经对方同意，任何一方不得以任何形式公开本合同及附件内容，以确保双方的商业机密。

如需要，乙方应根据甲方的要求签署相应的保密协议，保密协议与本条款存在不一致的，以保密协议为准。

4. 本合同共［17］页，一式［四］份。甲乙双方各执［两］份。附件为主合同的一部分，具有同等法律效力。附件与主合同内容不一致的，以［主合同］为准。

5. 本合同自双方法定代表人或者授权签字人签字并加盖公章之日起生效。

合同执行期内，甲乙双方均不得随意变更或解除合同。未尽事宜，由双方共同协商达成补充协议解决。补充协议与本合同不一致的，以补充协议为准。

6. 与履行本合同有关的下列文件，为本合同的组成部分，彼此相互解释，相互补充。为便于解释，组成合同的多个文件的优先支配地位的次序如下：［主约优先于附件］。

【第十三条】附件

工作说明书。

甲方：A 股份有限公司软件中心　　　　乙方：北京时代科技有限公司

甲方法定代表人或授权签字人（签字）：　　乙方法定代表人或授权签字人（签字）：

甲方（公章）：　　　　乙方（公章）：

日期：____年__月__日　　　　日期：____年__月__日

（四）任务 4 实训项目：针对任务 3 实训项目中采购合同的付款条款，草拟付款申请，并填写付款审批单

1. 实训目的

通过本项技能训练，使学生掌握付款申请的规范写法和付款审批单的填写方法。

2. 实训评估要点

该项目主要从两个方面进行评估：

（1）是否能够根据合同的要求拟定一份合格的付款申请函；

（2）是否能够根据付款申请，按照付款流程填报付款审批单。

参考答案：

北京时代科技有限公司于 2005 年 1 月 1 日提供给 A 公司 20 个新的服务账号及密码，开始全面的服务支持工作，根据合同约定 A 公司应在签署合同后 5 个工作日内支付北京时代科技有限公司合同首付款，即第一年的服务费，因此北京时代科技有限公司按照付款要求提交加盖公章的付款申请函，具体如下：

付 款 申 请

致 A 公司采购管理部：

我公司根据与贵公司签订的《C－Case 技术服务采购合同》（合同编号：ACC200412001）要求提交了相关交付物，现提请贵公司按合同规定支付合同首付款，即本合同项下第一年的服务费，共 440000.00 元。

祝商祺！

北京时代科技有限公司

2005 年 1 月 4 日

A 公司采购管理部接到北京时代科技有限公司付款申请后，按照付款流程填报付款审批单，提请公司领导批示，具体格式见下表：

项目合同付款审批单

文件编号：CG－2005007

合同名称	C－Case 技术服务采购合同	合同编号	ACC200412001
项目名称	C－Case 技术服务采购	项目编码	200411009
供应商	北京时代科技有限公司		
合同阶段总数	共有 3 个阶段	本期合同阶段号	第 1 阶段

项目概述：

一次性购买配置管理工具 C－Case 三年技术服务。

项目工作描述：

按照合同约定供应商应提供新的用户名及密码，并负责软件新版本安装及使用培训，目前上述工作均已完成，可以支付合同首款。

需求部门负责人签字：刘杰

日期：2005 年 1 月 5 日

续 表

<table>
<tr><td colspan="2">验收内容：
按照合同约定及需求部门意见可以支付合同首付款，即 440000.00 元。
采购管理部责任人签字：徐刚
日期：2005 年 1 月 5 日</td></tr>
<tr><td colspan="2">财务部意见：
同意支付合同首付款，即 440000.00 元。
财务总监签字：李进
日期：2005 年 1 月 6 日</td></tr>
<tr><td>总经理意见</td><td>同意付款。
签字：朱毅
日期：2005 年 1 月 7 日</td></tr>
</table>

八、经典案例

案例 1　日航缘何贱买麦道机

日本航空公司决定向美国麦道公司引进 10 架新型麦道客机，指定常务董事任领队，财务经理为主谈，技术部经理为助谈，组成谈判小组去美国谈判购买事宜。

日航代表飞抵美国稍事休息，麦道公司立即来电，约定明日在公司会议室开谈。第二天，3 位日本绅士仿佛还未消除旅途的疲劳，行动迟缓地走进会议室，只见麦道公司的一群谈判代表已经端坐一边。谈判开始，日航代表慢吞吞地啜着咖啡，还在缓解时差的不适。狡猾而又实效的麦道方主谈，把客人的疲惫视为可乘之机，在开门见山地重申双方购销意向之后，迅速把谈判转入主题。

从早上 9 点到中午 11 点 30 分，3 架放映机相继打开，字幕、图表、数据、电脑图案、辅助资料和航行画面应有尽有，欲使对方仿佛置身于迪士尼乐园的神奇之中，会不由自主地相信麦道飞机性能和定价都是无可挑剔的。孰料日航三位谈判代表自始至终默默地坐着，一语不发。麦道的领队大惑不解地问："你们难道不明白？你们不明白什么？"日航领队笑了笑，回答："这一切。"

麦道主谈急切地追问："这一切是什么意思？请具体说明你们从什么时候开始不明白的？"

日航助谈歉意地说："对不起，从拉上窗帘的那一刻开始。"日方主谈随之咧咧嘴，用连连点头来赞许同伴的说法。

"笨蛋！"麦道领队差一点脱口骂出声来，泄气地倚在门边，松了松领带后气馁地呻吟道："那么，你们希望我们再做些什么呢？"日航领队歉意地笑笑说："你们可以重放一次吗？"别无选择，只得照办。但麦道公司谈判代表重复那两个小时的介绍时，已经失去了最初的热忱和信心。是日本人开了美国佬的玩笑吗？不是，他们只是不想在谈判开始阶段

表明自己的理解力，不想用买方一上来就合作使卖方产生误解，以为买方在迎合、讨好对方。谈判风格素来以具体、干脆、明确而著称的美国人，哪里会想到日本人有这一层心思呢？更不知道自己在谈判伊始已输一盘了。

谈判进入交锋阶段，老谋深算的日航代表忽然显得听觉不敏，反应迟钝，显得很难甚至无法明了麦道方在说些什么，让麦道公司代表十分恼火，觉得自己在跟愚笨的人谈判，早已准备好的论点、论据和推理根本没用，精心选择的说服策略也无用武之地。连日来，麦道方已被搅得烦躁不安，只想尽快结束这种与笨人打交道的灾难，于是直截了当地把球踢向对方："我们飞机性能是最佳的，报价也是合情合理的，你们有什么异议吗？"

此时日航主谈似乎由于紧张，忽然出现语言障碍。他结结巴巴地说："第——第——第——""请慢慢说。"麦道主谈虽然嘴上是这么劝着，心中却不同得又恨又痒。"第——第——第——""是第一点吗？"麦道主谈忍不住问。日航主谈点头称是。"好吧，第一点是什么？"麦道主谈急切地问。"价——价——价——""是价格吗？"麦道主谈问。日航主谈又点了点头。"好，这点可以商量。第二点是什么？"麦道主谈焦急地问。"性——性——性——""你是说性能吗？""只要日航方面提出书面改进要求，我们一定满足。"麦道主谈脱口而出。

至此，日航一方说了什么呢？什么也没有说。麦道一方做了什么呢？在帮助日方跟自己交锋。他们先是帮日方把想说而没有说出来的话解释清楚，接着为问出对方后面的话，就不假思索地匆忙做出许诺，结果把谈判的主动权拱手交给了对方。

麦道轻率地许诺让步，日航就想得寸进尺地捞好处。这是一笔价值数亿美元的大宗贸易，还价应按国际惯例取适当幅度，日航的助谈却故意装作全然不知，一开口就要求削价20%。麦道主谈听了不禁大吃一惊，再看看对方是认真的，不像是开玩笑，心想既然已经许诺让价，为表示诚意就爽快地让吧，于是便说："我们可以削价5%"。

双方差距甚大，都竭力为自己的报价陈说大堆理由，第一轮交锋在激烈的交锋中结束。经过短暂的沉默，日方第二次报价：削减18%，麦道方还价是6%，于是又唇枪舌剑，辩驳对方，尽管口干舌燥，可谁也没有说服谁。麦道公司的主谈此刻对成交已不抱太大希望，开始失去耐心，提出休会："我们双方在价格上距离很大，有必要为成交寻找新的方法。你们如果同意，两天后双方再谈一次"。

休会原是谈判陷于僵局时采取的一种正常策略，但麦道公司注入了"最后通牒的意味"，即"价钱太低，宁可不卖"。日航谈判代表这时不得不慎重地权衡得失：价钱还可以争取削低一点，但不能削得太多，否则将触怒美国人，那不仅丧失主动权，而且连到手的6%让价也捞不到。倘若空着两手回日本怎么向公司交代呢？他们决定适可而止。

重新开始谈判，日航一下子降了6%，要求削价12%；麦道公司增加1%，只同意削价7%，谈判又形成僵局。沉默，长时间的沉默。麦道公司的主谈中止交易，开始收拾文件。恰在这时，口吃了几天的日航主谈突然消除了语言障碍，十分流利地说道："你们对新型飞机的介绍和推销使我们难以抵抗，如果同意降价8%，我们现在就起草购买11架飞机的合同。”（这增加的一架几乎是削价得来的）说完他笑吟吟地起身，把手伸给麦道公司的主谈。“同意!”麦道的谈判代表们也笑了，起身和三位日本绅士握手：“祝贺你们，用最低的价钱买到了世界最先进的飞机。”日航代表把麦道飞机压到了前所未有的低价位。

案例2　美国福特汽车企业采购流程改造

美国福特汽车企业原有的采购流程，可以说是相当传统的。采购部将订单一式三份分送给会计部、厂商和验收单位。厂商将货品送到验收单位，同时将发票送给会计部；验收单位将验收结果填写验收单送到会计部；会计部将所持的验收单、订单和发票等三种文件相互查验，如都相符，就如数付款给厂商。其过程见图3－3：

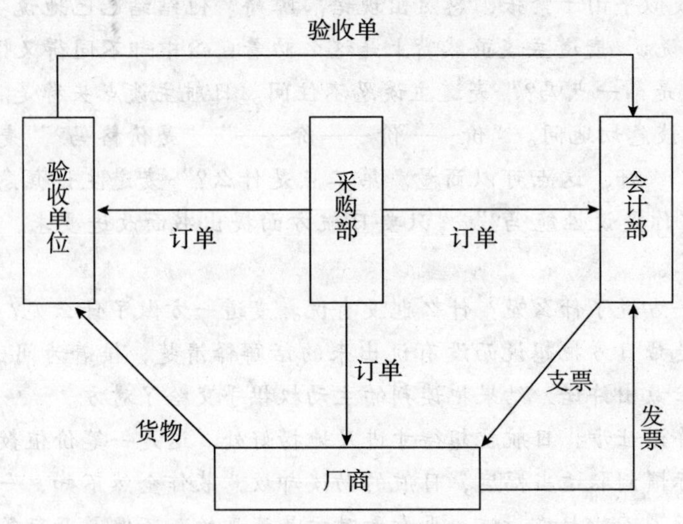

图3－3　福特汽车企业改造前的采购流程

经重新审视，并应用电脑网络，福特有了全新的采购作业流程。

采购部将订单输入电脑资料库，如果是固定往来厂商，则以EOS电脑订货系统自动向厂商下达订单。如果不是固定厂商，则以订单传真和信函通知厂商。厂商交货给验收单位后，验收单位从电脑资料库取出订单资料，再验收所交的物品。如相符，就将验收合格资料输入电脑，经一段时间，电脑自动签发支票给厂商；如验收不符，同时也将验收结果输入电脑。如此，采购部和会计部都可以从电脑资料中随时查询和了解采购状况，见图3－4。

因为采用了电脑网络，废除了发票，而且核对和签发支票等改为由验收单位负责，因此会计部人员几乎在整个采购作业中不需要投入大量的人力，仅定期作订单、验收等与财务有关的稽核工作。会计部在改善前职员超过500人，改善后仅需要125人，这个效应也延伸到其他部门，有的部门人数甚至缩减为原来的1/20。

福特企业的验收人员可以利用电脑来取代会计人员取得对过去厂商的品质评定，以便于做出是否签发支票给厂商的判断。同时，借助电脑可以将信息同时传递给各相关人

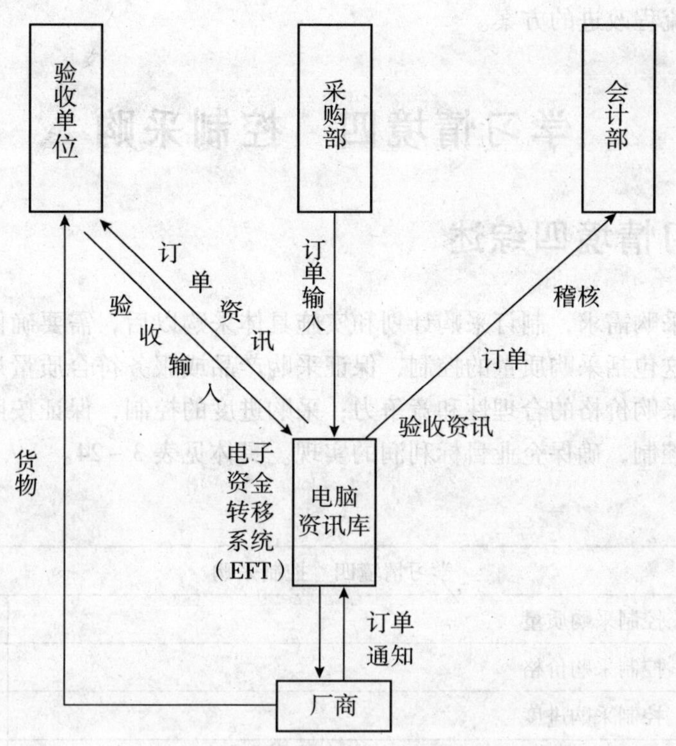

图 3－4　福特企业改造后的采购流程

员，以同步工程的方式来缩短处理时效。如果充分授权而没有稽核，将变成弃权或滥权，但是若派人来抽样稽查，又将被视为不被信任，反而带来更大的负面效果。采用电脑信息技术，及时按统计资料进行分析，任何相关业务人员都可以由电脑提取信息差异、例外分析等资料，从而及时采取对策进行处理。经由这种方式，被充分授权者也不敢再任意滥权。

总而言之，要大幅度缩短流程时效，必须采取一人多能、充分授权，并采用电脑信息技术来做全方位改革。

九、社会实践——大型超市采购流程的调查

学生以小组为单位，到大型超市调研快销品采购流程，调研的主要内容包括：

（1）超市快销品采购种类、数目、成本等方面。

（2）超市快销品的进货渠道。

（3）超市快销品的供应商的基本情况。

（4）超市采购部门与供应商签约、供应商履约的情况。

（5）超市快销品的采购流程。

（6）超市快销品的采购周期、结算方式、运输配送方式等。

通过对大型超市快销品采购流程的调查，了解大型超市对快销品采购流程管理，发现问题，提出采购流程改进的方案。

学习情境四　控制采购

一、学习情境四综述

在分析确认采购需求，制订采购计划和实施具体采购以后，需要确保对整个采购过程进行有效控制。这包括采购质量的控制，保证采购产品或服务符合质量规范要求；采购价格的控制，确保采购价格的合理性和竞争力；采购进度的控制，保证按照要求及时准确到货；采购成本的控制，确保企业目标利润的实现。具体见表 3－24。

表 3－24

<table>
<tr><th colspan="4">学习情境四　控制采购</th></tr>
<tr><td rowspan="4">学时分配（共 16 学时）</td><td colspan="2">任务 1　控制采购质量</td><td>4 学时</td></tr>
<tr><td colspan="2">任务 2　控制采购价格</td><td>4 学时</td></tr>
<tr><td colspan="2">任务 3　控制采购进度</td><td>4 学时</td></tr>
<tr><td colspan="2">任务 4　控制采购成本</td><td>4 学时</td></tr>
<tr><td rowspan="2">教学目标</td><td>知识目标</td><td>能力目标</td><td>素质目标</td></tr>
<tr><td>1. 理解质量特性和质量规范，不同的质量标准
2. 了解质量检验的作用、方式和常用的七种质量工具
3. 掌握常用的价格调查方式和价格对比分析方法
4. 掌握供应商的定价机制及其对采购价格的影响
5. 了解不同的前置期及对采购交付的影响
6. 掌握采购进程管理中常用的方法
7. 了解成本的不同分类和采购成本的分析
8. 理解不同采购方式对成本的影响，降低采购成本的常用方法和策略</td><td>1. 使用规格书或工作说明书定义采购需求的质量要求
2. 选用适当的质量工具和质量检验确保采购质量的稳定和提高
3. 掌握适用的价格调查方式和价格对比分析来保证合理价格
4. 根据供应商的定价机制确定价格是否合理，对采购价格的浮动实施控制
5. 控制合理的采购前置期，降低对采购交付时间的影响
6. 有效管理采购进程，应对交期延误及改进
7. 对采购成本进行分析确定合理成本，优化采购计划成本
8. 根据产品生命周期或采购性质，选用适当的成本降低策略和方法</td><td>1. 培养学生客观公正的处事原则
2. 培养学生建立法律意识
3. 培养学生协调沟通能力
4. 培养学生团队协作精神
5. 培养学生实事求是的工作作风</td></tr>
</table>

续 表

<table>
<tr><td rowspan="2">教学重点</td><td rowspan="2">1. 质量规范和质量标准
2. 供应商质量的控制
3. 价格分析和对比
4. 供应商定价策略
5. 采购前置期
6. 采购进程控制
7. 总拥有成本
8. 采购成本分析
9. 降低采购成本策略</td><td>教学难点</td><td>1. 质量量控制工具的运用
2. 供应商定价机制对采购价格的影响
3. 不同前置期对采购进度的影响
4. 成本分析方法的运用
5. 降低成本策略的运用</td></tr>
<tr><td>解决办法</td><td>通过案例教学、启发教学等教学方式，使学生从中体味理论知识，并且恰当地运用，解决教学难点问题</td></tr>
<tr><td>教学工具和载体</td><td colspan="3">多媒体教学设备；教学课件；网络教学资源；教材及参考书；任务单</td></tr>
<tr><td>学生能力的要求</td><td colspan="3">1. 掌握一定的物流和供应链的理论知识
2. 掌握一定的市场营销学知识
3. 具备一定的分析能力、判断能力和计算能力
4. 能够对原有的控制方案进行分析，提出改进方案
5. 具有较好的文字能力，能够编写改进方案</td></tr>
<tr><td>教师能力的要求</td><td colspan="3">1. 能够根据教学方法设计教学情境
2. 能够按照设计的教学情境组织教学
3. 能够引导学生进行自主学习，解答学生问题
4. 能够对学生的学习情况进行准确地评价
5. 熟悉采购控制的理论和实践</td></tr>
</table>

二、关键词

质量特性：质量特性是指满足客户需求的能力的特性。有形商品的质量特性包括性能、可靠性、耐用性、安全性和经济型；无形商品的质量特性包括时间性和舒适性。

质量规范：质量规范是对所采购产品或服务的技术要求的描述。它包括两个方面的内容，一是明确产品必须具备的外观和功能，二是规定可量化衡量的部分。

质量检验：质量检验是通过某种手段或方法来测定产品或服务的质量特性，将检测结果同规定的质量标准进行比较，是否符合规格书或工作说明书，对产品作出是否合格判断的活动。

质量控制：质量控制是通过收集数据、整理数据、找出波动的规律，把正常波动控制在最低限度，消除系统性原因造成的异常波动。把实际测得的质量特性与相关标准进行比较，并对出现的差异或异常现象采取相应措施进行纠正，从而使工序处于控制状态。

持续改进：持续改进是以超前的视野预见过程实施中遇到的因素（包括特定的设计、作业方式以及与之性关联的成本要素），并借助先期规范制约的各种手段进行预期调整，同时结合相应的效果计量和评估方法，确保时间过程以预期的低成本运作。

价格调查：价格调查是指运用科学的方法和程序，有目的、有计划、系统客观地收集、记录、整理与分析有关市场价格运动的历史、现状及其发展变化的活动过程。

价格指数：价格指数是描述处于某一时点的商品价格同已知的价格基点之间的比率，可以用来对比价格发生的变化。

采购前置时间：采购前置时间是指自向供应商发出采购订单直到货物交到指定地点所花费的时间。行政作业前置时间、原料采购前置时间、生产制造前置时间、运送前置时间、验收与检验前置时间和其他零星的前置时间。

直接成本：直接成本是指与具体产品或者服务等直接紧密相连的成本，通常被分为直接劳动成本、直接材料成本或采购成本。

间接成本：间接成本是指并不直接和生产某个产品相关联，但对工厂的运作来说是必要的那些成本，包括折旧、建筑维修、管理人员的薪酬等。

固定成本：固定成本是指不随产量变化而发生变动的成本，包括例如行政支出、厂房建造、设备采购等支出。

变动成本：变动成本是指随着业务活动变化而成正比变化的成本，如直接材料，易损消耗品。

总拥有成本（TCO）：总拥有成本是指分析整个产品生命周期的所有相关成本，包含到货成本和使用中所产生的费用（供应商绩效成本）。

成本降低：成本降低是降低与某个特定产品或服务的获取和使用相关的成本。这次采购所付价格比上次低，就可称为成本降低，它对公司的税前利润的影响是直接的。

成本避免：成本避免是一种用来让采购者不受供应商价格上涨影响的采购措施，它通过延迟或减缓可能的价格上涨所导致的影响来避免将来的成本上升。

三、课前阅读

《采购原理与管理》英国皇家采购与供应学会（CIPS）的出版物、英国皇家物流与运输协会（ITL）物流资质认证的指定教材　电子工业出版社

《物流中的专业管理知识》第四单元“采购管理”，ILT 物流职业资质认证二级教材　北京中交协物流人力资源培训中心

四、网络资源

英国皇家采购与供应管理认证网 http://www.cips.org.cn，其中远程课堂有相关的知识介绍。

英国皇家物流职业认证网 http://www.cltc.net，其中的远程课堂有相关的知识介绍。

环球资源网 http://www.globalsources.com

国际电子商情 http://www.esmchina.com

五、任务分析

采购控制是采购过程中的核心部分，其中包括采购质量的控制、采购价格的控制、采购进度的控制和采购成本的控制。这些方面能够帮助采购组织更有效地完成整个采购过程，同时防患于未然，采取调查和预防措施在潜在问题发生以前就采取措施及时应对，以保证最终的期望结果。具体见表3－25。

表3－25

任务单元	任务描述	任务目标	涉及的知识	任务成果
任务1　控制采购质量	公司产品研发过程中不断有工程变更，新产品的推出和新功能的增加使检验标准需要经常更新，产品质量的控制难度加大，供应商对于质量理解和要求不一致，影响不合格品判断，处理和产品按时交付。作为采购人员如何来确定合理的质量规范，控制采购的质量，处理不格品，提高质量水平	通过学习和训练，了解质量的关键特性和使用质量规范书界定质量要求，了解常用的质量检验方式，质量标准，了解采购质量控制的基本程序。掌握采购质量控制的要点和基本方法，能够根据不同的要求和类别，选择适当质量工具进行企业采购工作	质量的关键特性 质量规范及其表现形式 质量检验 质量控制 质量标准 七种质量管理工具	采购质量分析报告 采购质量控制方案
任务2　控制采购价格	在实际采购中，不同供应商对于同一采购需求会提供不同的报价，采购人员如何确认价格的合理性；对于组织准备推出的新产品，采购人员如何进行新产品采购价格调查以支持组织运作；采购价格变动较大会影响到组织在市场的竞争力，采购人员如何管理采购价格保证组织的竞争优势	通过学习和训练，了解到如何通过不同的方法进行采购价格的调查，对获得的价格进行对比分析，确认价格的有效性和合理性。了解供应商的定价策略，控制采购价格的变动	采购价格调查方法 价格分析对比方法 价格指数 市场结构 定价模式 价格控制方法	采购价格分析报告 采购价格控制方案

续 表

任务单元	任务描述	任务目标	涉及的知识	任务成果
任务3　控制采购进度	市场需求是随时变化的，供应商的周期时间是相对固定的，采购人员在这种情况下如何确保采购进度满足组织的计划需求；采购供应链环节众多，外界不确定因素较多，一些潜在的问题会造成延期交货，采购人员如何防微杜渐，在事情发生时采取相应措施	通过学习和训练，掌握采购前置时间的构成，了解采购进度控制的基本程序，掌握采购进度控制的要点和基本方法，对重点供应商和部件进行及时跟踪和控制，在发生交付延误时，能够采用相应的方法和工具进行采购工作	采购前置时间 需求模式 学习曲线 关键路径法 延期交付	采购进度分析报告 采购进度控制方案
任务4　控制采购成本	作为采购人员，需要面对的问题：组织现有产品或服务的采购成本是否合理，根据组织目前所处的状况，可以采取哪些成本降低的战略和方法改善组织赢利水平	通过学习和训练，了解不同的成本种类和特点，对采购成本进行分析，确认成本是否合理，选择合适方法优化采购成本，根据不同的场合选用合适的成本降低策略	采购成本的分类 采购成本分析方法 采购成本降低概念 采购成本降低策略	采购成本分析报告 采购成本控制方案

六、教学组织与安排

在本学习情境中为了完成上述的五项任务，在每一个任务项目的教学中按照“任务导入—讲授知识—课堂训练—训练结果展示—训练点评—教学视频—教学总结并布置实训任务—延伸学习”八个环节组织教学。具体见表3-26。

表3-26

教学环节	教学过程和内容	教学方法	时间分配（分钟）
教学导入	通过导入案例，引导学生进入教学环节	引入法	10
讲授知识	讲授完成任务所必备的知识要点	课堂讲授法	60
课堂训练	学生以小组为单位，按照所给出的训练任务，共同完成。教师可以适时地进行指导	任务驱动法	40

续　表

教学环节	教学过程和内容	教学方法	时间分配（分钟）
训练成果展示	每个小组由一名学生将任务的成果进行展示说明，组内其他同学可以进行补充	任务驱动法	20
训练点评	教师对学生完成课堂训练任务进行点评	课堂讲授法	10
播放教学短片	教师提供与本学习任务相关教学短片或视频，组织学生观看并讨论，对于完成课后实训项目具有指导作用	情境教学法	30
总结并布置实训任务	教师对完成本项任务所应具备的知识和能力进行简要总结，并对完成课后实训任务进行简要说明	教学法	10
延伸学习	根据该任务涉及的内容，布置课后进一步学习的知识	指导和建议	课后学习

说明：

以上课堂活动是以完成一个工作任务，教学课时为4课时为一个单元，各个教学环节可根据教学内容进行调整。

本学习情境的教学组织示例如下文所述：

任务1　控制采购质量

环节1——教学引入

引入案例“2008年上半年汽车召回门事件”，汽车召回主要原因是从供应商处采购的零部件出现质量问题，汽车召回既给汽车用户和整车企业造成巨大损失，也使供应商受到了沉重的打击。由此引出企业加强采购质量控制和管理的重要性，以及企业应如何建立完善的采购质量保证系统，如何对采购质量进行控制等问题，进入知识讲授环节。

环节2——讲授知识

在本次课中涉及的知识点主要是质量规范及其表现形式、质量标准体系及其质量标准认证、质量检验及其方法、质量控制及其工具。

（1）由于教学内容较多，教师可以事先给学生布置一些学习内容，如提前了解质量标准体系、行业质量认证以及供应商质量认证等内容，搜集相关的案例，使学生对教学内容有先期了解和认识，便于在教学过程中与学生互动，同时也可以节约课堂时间。

（2）质量控制工具涉及数理统计和概率的问题，在讲授过程中，应充分考虑到高职学生的学习基础，本着理论知识“够用”的原则，将教学重点放如何应用上，避免学生陷入知识难点。

环节3——课堂训练

七种质量控制工具的应用。

课堂训练的资料可以由教师提供，学生根据训练的要求完成训练任务。也可以提前布置给学生，要求学生事先准备好有关采购产品质量问题的资料，在课堂上以小组为单位，运用所学的七种质量控制工具进行分析，提出质量控制方案。

课堂训练范例：

训练资料：一个标准的手机用耳机的规范书。

Project A Engineering Specification

1 Introduction

The document specifies the acoustic quality of an electro-dynamic transducer in a sealed box. The loudspeaker and enclosure are treated as a whole, i.e. the transducer on its own as traditionally in free field or test box. Test methods and requirements of the characteristics of the transducer in the cavity are described.

The loudspeaker is to be used as ringer/speakerphone unit for loud

TABLE OF CONTENTS

图3-5 手机用耳机的规范书

训练要求：分组小组讨论，各小组根据讨论结果，选用一个合适的案例进行因果图分析，列出可能的原因及改善措施。

环节4——训练成果展示

由各组派一名学生将完成训练的成果进行展示说明，组内其他同学可以进行补充。

环节5——总结和点评

教师根据学生展示的训练成果进行点评，需要指出学生在搜集训练资料和完成训练过程中的亮点和不足，提出建议。同时总结在完成本次课堂训练中应该具备的知识和能力。

环节6——教学视频

教师可搜集与采购质量控制相关的企业案例视频或教学短片，给学生播放，然后组织学生就短片中的情节发表自己的见解。

环节7——总结并布置实训任务

教师总结本单元所讲授的知识点和训练要领，明确通过本单元的学习和训练，最终要达到的知识目标和能力目标。就本任务后的实训项目进行讲解。

环节8——延伸学习

6σ 管理在质量控制中的应用。

说明：

任务 2 至任务 4 的教学组织基本上与任务 1 相同，在此不再赘述。以下提供任务 2 至任务 4 的课堂训练资料，供参考。

任务2 课堂训练：采购价格对比分析

对以下三家供应商对某手机机壳报价进行对比分析（见表 3 – 27），价格是否合理？请说明理由。

表 3 – 27　　**三家供应商对某手机机壳报价**　　单位：元

	供应商 A	供应商 B	供应商 C
前壳	4	4.5	5
后壳	3	2	4
电缆	0.5	0.6	0.3
连接器	0.5	0.5	0.3
组装费	1	0.9	0.8
运费	0.5	0.8	0.1
总计	9.5	9.3	10.5

任务3 课堂训练：采购周期计算

采购组织需要从外部供应商采购某种电子产品。产品需求需要走公司内部程序完成审核批准，包括采购需求申请人需要 1 ~ 3 个工作日，产品使用部门经理需要 1 周，财务部门需要 3 个工作日。

供应商需要按照采购订单准备原材料安排生产，对于标准产品，供应商一般会按照预测需求备料（1个工作日），客户化产品则见采购订单后和下级供应商购买（2周）。生产制造时间一般为3个工作日，客户化产品为4个工作日。

从供应商到采购组织运输时间空运需要2天，公路运输需要5天，采购合同的标准条款为公路运输，急单走空运；验收与检验时间一般2个工作日。为了应付特殊情况，供应商一般预留3天缓冲时间应付特殊情况。

请问：该产品的采购周期是多长时间？

参考答案：

标准产品：5周 =1 +(3 +3 +1 +3 +5 +2 +3)/5

客户化产品：7周 =1 +2 +(3 +3 +4 +5 +2 +3)/5

任务4课堂训练：间接成本计算

根据表3－28数据，计算对应产品A、B的间接成本和总成本。

表3－28

	产品 A	产品 B
产量	1500	200
工序1	2	1
工序2	1	1
工序3	1	1
工序单位变换成本（元）	800	800
材料单位成本（元）	2.0	2.5
单位间接成本（元）		
单位总成本（元）		

参考答案：

产品A单位间接成本3.2元；产品A单位总成本4元。

产品B单位间接成本5.2元；产品B单位总成本6.5元。

七、实训项目

背景资料

本学习情境的实训项目是以手机生产厂商采购生产手机所需的原材料和部件为背景展开。该公司具有比较严格的采购控制体系，有公司层面的批准供应商列表和部件层面的优先部件列表。在采购过程中，公司需要对采购质量、采购价格、采购进度和采购成本进行控制。

(一) 任务1实训项目：采购质量的控制

1. 实训目的

通过本次实训，使学生掌握采购质量控制的要点和基本方法，能够运用相应的质量工具来进行企业采购工作。同时也使学生了解采购质量控制的基本程序。

2. 实训要求

学生根据教材所提供的背景资料，结合所学的内容，写出公司采购的手机配件质量分析报告，并设计合理的采购质量控制方案。

3. 实训组织

(1) 全班分成若干组（每组4~5人为宜），每组指定专人负责。

(2) 在教师的指导下，结合公司目前状况进行分析，列出潜在的问题或改进空间。

(3) 以小组为单位对分析结果进行讨论，提出针对性的对策和优先级。

(4) 组织全班交流，教师对各组提交的方案进行点评。

4. 实训考核

(1) 各组根据分析结果写出分析报告，并提出一套质量控制方案。

(2) 依据分析报告和质量控制方案对学生进行考核。

教师可参照表3-29考核标准对学生完成实训项目的情况进行考核。

表3-29

考核等级 考核指标	好	一般	差
课堂准备 (10分)	能够通过各种渠道（尤其是互联网）对课堂讨论的内容进行精心准备	能够事先对讨论的内容进行准备，但是不够充分	无准备
运用知识 (20分)	能够熟练、自如地将所学的知识用于实际，解决实际问题	基本能够将所学知识用于实际	不能将所学的知识用于实际
质量分析报告质量 (20分)	分析报告结构完整、正确，论据充分，分析准确、透彻	分析报告基本完整，能够根据调查的实际情况进行分析	分析报告不完整，分析缺乏个人观点
质量控制方案质量 (20分)	质量控制方案符合企业实际，供应商审核，SPC分析，能够用到七种质量工具，三种品质手法，便于操作实施	质量控制方案基本符合企业实际，指标基本涵盖所要评价的内容，可操作	质量控制方案设计不切实际，操作性差
学习态度 (30分)	热情高，干劲足，态度认真，能够出色完成任务	有一定热情，基本能够完成任务	敷衍了事，不能完成任务

（二）任务2实训项目：采购价格的控制

1. 实训目的

通过本次实训，使学生通过对特定采购产品进行价格调查和分析对比，了解相关产品的采购价格是否合理，了解目前的市场结构和供应商的定价策略，同时根据分析结果来确定合理的采购价格目标，同时选择合适的方法来跟踪线路板采购价格变动，并能够提出控制价格的波动的方案。

2. 实训要求

学生根据教材所提供的背景资料以及相关产品价格调查资料，结合所学的内容，写出手机线路板的价格调查报告，并提出控制手机线路板价格波动的方案。

3. 实训组织

（1）全班分成若干组（每组4～5人为宜），每组指定专人负责。

（2）在教师的指导下，结合公司目前状况进行分析，列出潜在的问题或改进空间。

（3）以小组为单位对分析结果进行讨论，提出针对性的对策和优先级。

（4）组织全班交流，教师对各组提交的方案进行点评。

4. 实训考核

（1）各组根据调查结果写出价格调查报告，并提出一套价格控制方案。

（2）依据分析报告和价格控制方案对学生进行考核。

教师可参照表3－30考核标准对学生完成实训项目的情况进行考核：

表3－30

考核等级 考核指标	好	一般	差
课堂准备 （10分）	能够通过各种渠道（尤其是互联网）对课堂讨论内容进行准备	能够事先对讨论的内容进行准备但是不够充分	无准备
运用知识 （20分）	能够熟练、自如地将所学的知识用于实际，解决实际问题	基本能够将所学知识用于实际。	不能将所学的知识用于实际
价格调查报告质量 （20分）	调查报告结构完整、正确，论据充分，分析准确、透彻	调查报告基本完整，能够根据调查的实际情况进行分析	调查报告不完整，分析缺乏个人观点

续 表

考核指标＼考核等级	好	一般	差
价格控制方案质量（20分）	价格调查方式符合企业实际，充分了解影响价格因素和供应商定价考虑因素，采购价格控制方案符合企业实际，便于操作实施	价格调查方式基本符合企业实际，能够了解价格因素和供应商定价方法，能选用一些价格控制方法，可操作	价格调查方案设计不切实际，不了解价格因素和定价方法，价格控制方法不适合企业，操作性差
学习态度（30分）	热情高，干劲足，态度认真，能够出色完成任务	有一定热情，基本能够完成任务	敷衍了事，不能完成任务

（三）任务3实训项目：采购进度的控制

1. 实训目的

通过本次实训，使学生掌握采购前置时间的构成，采购进度控制的要点和基本方法，在发生延误时采取相应方法和工具来进行企业采购工作，同时也使学生了解采购进度控制的基本程序。

2. 实训要求

学生根据教材所提供的背景资料，结合所学的内容，写出公司采购进度分析报告，设计合理的采购进度控制方案。

3. 实训组织

（1）全班分成若干组（每组4~5人为宜），每组指定专人负责。

（2）在教师的指导下，结合公司目前状况进行分析，列出潜在的问题或改进空间。

（3）以小组为单位对分析结果进行讨论，提出针对性的对策和优先级。

（4）组织全班交流，教师对各组提交的方案进行点评。

4. 实训考核

（1）各组根据分析结果写出分析报告，并提出一套采购进度控制方案。

（2）依据分析报告和价格控制方案对学生进行考核。

教师可参照表3－31考核标准对学生完成实训项目的情况进行考核：

表3－31

考核指标＼考核等级	好	一般	差
课堂准备（10分）	能够通过各种渠道（尤其是互联网） 对课堂讨论的内容进行精心准备	能够事先对讨论的内容进行准备但是不够充分	无准备

续 表

考核指标＼考核等级	好	一般	差
运用知识（20分）	能够熟练、自如地将所学的知识用于实际，解决实际问题	基本能够将所学知识用于实际	不能将所学的知识用于实际
进度分析报告质量（20分）	分析报告结构完整、正确，论据充分，分析准确、透彻	分析报告基本完整，能够根据调查的实际情况进行分析	分析报告不完整，分析缺乏个人观点
进度控制方案质量（20分）	采购进度控制方案符合企业实际，充分了解不同前置周期影响，采取对应措施有效管理交付期和延误情况，便于操作实施	采购进度控制方案基本符合企业实际，了解前置周期影响，采取措施能够减少延误影响，可操作	采购进度控制方案设计不切实际，操作性差
学习态度（30分）	热情高，干劲足，态度认真，能够出色完成任务	有一定热情，基本能够完成任务	敷衍了事，不能完成任务

（四）任务4实训项目：采购成本的控制

1. 实训目的

通过本次实训，使学生掌握采购成本的构成、采购成本分析的基本方法，能够根据公司的运营状况选择合适的采购方法来降低采购过程成本，根据不同类别产品来确定和实施成本降低策略，帮助公司改善运营绩效。

2. 实训要求

学生根据教材所提供的背景资料，结合所学的内容，帮助公司对所采购的触摸屏进行成本分析，并提出降低触摸屏采购成本方案。

3. 实训组织

（1）全班分成若干组（每组4～5人为宜），每组指定专人负责。

（2）在教师的指导下，结合公司目前状况进行分析，列出潜在的问题或改进空间。

（3）以小组为单位对分析结果进行讨论，提出针对性的对策和优先级。

（4）组织全班交流，教师对各组提交的方案进行点评。

4. 实训考核

（1）各组根据分析结果写出分析报告，并提出一套采购进度控制方案。

（2）依据分析报告和价格控制方案对学生进行考核。

教师可参照表3－32考核标准对学生完成实训项目的情况进行考核：

表 3-32

考核等级 考核指标	好	一般	差
课堂准备（10分）	能够通过各种渠道（尤其是互联网），对课堂讨论的内容进行精心准备	能够事先对讨论的内容进行准备但是不够充分	无准备
运用知识（20分）	能够熟练、自如地将所学的知识用于实际，解决实际问题	基本能够将所学知识用于实际	不能将所学的知识用于实际
成本分析报告质量（20分）	分析报告结构完整、正确，论据充分，分析准确、透彻	分析报告基本完整，能够根据调查的实际情况进行分析	分析报告不完整，分析缺乏个人观点
成本控制方案质量（20分）	成本控制方案符合企业实际，采用合适的采购方法、成本分析方法，能够根据产品金额和对组织影响来运用合理成本降低策略，便于操作实施	成本控制方案基本符合企业实际，能够选择适合的采购方法，能选用一些成本降低策略，可操作	成本控制方案设计不切实际，采购方法不适合企业，成本降低策略不清，操作性差
学习态度（30分）	热情高，干劲足，态度认真，能够出色完成任务	有一定的热情，基本能够完成任务	敷衍了事，不能完成任务

八、经典案例

案例1　Acme公司的采购质量保证系统

Acme是一家大型家用电器制造和组装公司。公司遵循大幅度减少基本供应商的方针政策，现在用于生产制造家用吸尘器的序号为149的部件的供应商只有一个了。吸尘器的销售量在国内和出口的总和超过100000台。149号部件是比较便宜的，但它是一个含有高安全风险因素的部件，其中一个要求就是部件的电器绝缘必须足够可靠，以防止用户使用时遭到电击。

149号部件由Elston电气工业公司供货。Elston公司是在6年前被Acme公司从5个潜在的供应商候选名单中挑选出来的。当时选择的原则是Elston公司产品的价格最相近的竞争对手来说是相当便宜的。另外，Elston已具备了相关的质量资格证书，Acme公司的设计人员和采购人员对它的质量管理系统也作了全面彻底的独立调查。Elston公司以每两天的间隔向Acme公司供应149号部件750位，估计每月要15000件。Elston的车间位于Acme公司60英里远的地方，所以，Acme公司只要有够两天用的较少的缓冲库存即可，合同中的条款已确认 Acme 公司无须对 149 号部件再进行任何独立的进货检验。

直到现在，Elston 公司供应的 149 号部件没有出现过任何质量问题。因此，Acme 公司按照惯例续签新一年的合同，仅仅需要协商适当地降低价格。由于对所供部件的质量的信任，从下达最初的订单起，Acme 公司就没有再对 Elston 公司的质量管理系统作过审计。

然而，Acme 公司近来开始接到零售商的抱怨了，用户反映 Acme 公司吸尘器有轻微的电击现象，更严重的是一位心脏衰弱的用户使用了 Acme 公司吸尘器时受到电击致死，该用户的律师来信声称要对 Acme 公司要采取法律行动。对 Acme 公司吸尘器的负面报道也出现在国内的传媒上，因此，其销售量也大大下滑。

经调查，已确定电击是由于 149 号部件造成的。进一步的调查又揭露，正是 Elston 公司在不通知 Acme 公司的情况下决定在 149 号部件中用更便宜的绝缘材料，通过这样的降低成本的方法才使 Elston 公司保持了相当便宜的报价。

对此，Acme 公司已决定召回它在过去 4 个月中销售出去的 35000 台吸尘器。公司也已发出指示，绝缘材料必须恢复到原来的标准，但是公司也知道，它的新供应商要达到这个要求最少需要 14 天，而且也必然要提高价格。在这期间 Acme 公司的吸尘器生产组装线必须停下来。

案例 2　OTIS 公司的采购报价规定

超过人民币 5000 元的采购决策必须取得两方可比性报价，超过人民币 15000 元的采购决策必须取得三方可比性报价，除非该供应商依据阶段性（如一年）的货源选择流程已经被确认为优先选择或签约供应商。如果较低的报价未被选择必须提供正当理由。

对于超过人民币 50000 元的采购决策，如没有获取可比性报价，必须通过单一供应商/唯一供货商审核，并取得非生产采购部门经理/首席财务官的批准。

超过人民币 250000 元的采购需要选择委员会的参与，该委员会由采购部门、财务部门和申请部门的人员组成，以对报价进行审核。非生产性采购部门负责提供全面的报价单和支持性文件。

超过人民币 500000 元的采购需要执行密封投标流程，并由选择委员会负责开标。

委员会成员至少由以下部门（但不限于）组成：采购部门、财务部门和申请部门。委员会拥有最终采购决定权。如未选择最低出价的投标人，必须由选委会提出正当理由，所有招标的文件、竞标方案及评标记录应当进行存档保存。对于不适用密封投标的项目或采购类型，需要经过供货管理部长的审批，非生产性采购部门可以使用其他可选的竞争性采购途径来确定最佳货源，获取最有利的价格。

超过人民币 1000000 元的采购需要选择委员会的全程参与，包括供应商的筛选、招标建议申请、供应商评估、投标收录、开标和审查及确认供应商选择。

OTIS 公司非生产采购定价规定见表 3－33。

表 3-33　　OTIS 公司非生产采购定价规定

采购金额（元）	申请采购部门的参与	比较报价	选择委员会参与	密封投标	选择委员会全程参与
0～5000	是	否	否	否	否
5001～15000	是	是	否	否	否
15001～250000	是	是	否	否	否
250001～500000	是	是	是	否	否
500001～1000000	是	是	是	是	否
1000001 以上	是	是	是	是	是

上述采购程序中的任何例外情况（包括在价格审核和控制基础上进行的供货商选择）必须经中奥集团供货管理部长和首席财务官批准。如果需要的话，中奥集团供货管理部长和首席财务官也可以要求指定项目通过更加严格的报价审核及供货商选择程序。如果是单一货源决策必须通过单一供货商的审核，并提供适当的支持文件，同时还要通过采购经理及运营单位财务总监的批准。

案例 3　Motorola 成功运用在线竞价降低采购成本

2000 年 4 月 4 日，ECantata 国际网络公司上海办事处与 Motorola 上海寻呼产品有限公司联合进行了一次基于 Internet 技术平台的在线工业采购，所采购的产品全部用于该厂的本季度实际生产；由 ECantata 和 Motorola 公司共同确定供应商，按照新的流程成功完成了此次采购任务；在线采购结果比预期节约费用 32%，时间 80% 以上。

在传统模式下，Motorola 公司的采购是通过物料部的采购师进行的：首先由采购师组织供应商的认证工作，通过上门调查、产品认证、试生产、供货跟踪等手段，在供应商资料库中确认出能供应该产品的供应商。之后，在某一约定的时间段内，通过电话询问或招投标的方式，得到供应商的报价并挑选其中报价最低的作为中标者，与之进行后续的合约工作。传统采购全过程较长、重复工作很多，且由于传统模式的报价方案不适应于价格变化较快的产品，往往会在经济上受到损失。在使用了 ECantata 提供的服务后，Motorola 逐渐将与 ECantata 公司开展更进一步的合作，在新的流程中，Motorola 只需告知所需要的产品名称、数量和质量、规格、交货期等商务条款，就可直接等待 ECantata 给出的结果报告，并根据 ECantata 提供的报告及建议择优选取供应商签订合同。这种先进的采购方式把客户从传统的模式中解脱出来。

除了前期的认证之外，在线服务公司的服务为买方带来的最大利益在于成本的节省。由于采用了在线逆向竞价的先进概念，不同的供应商可以在网络上看到价格的不断下降，激烈的竞争和轮流领先的赛跑感觉将促使供应商不断降低价格，在相当短的时间内，把价格降到询价或招投标无法达到的程度。而与此同时，卖方也降低了营销成本、获得市场机会。

案例4 某公司的采购成本分析及改进

某生产婴儿食品的大型公司过去每年花在采购方面的开支接近8亿美元。由于处在一个高利润的行业，因此该公司对采购成本的管理并不当回事，而且这种详细的审查在一个蒸蒸日上的经济环境中显得也没什么必要。然而，当经济开始回调、市场增长减慢时，该公司终于意识到，它现在不得不花更大的力气以求保住利润了。由于过去几年的采购过程未经严格的管理，因此现在看来，采购方面无疑是挖潜的首要方向了。

该公司首先从保养、维修及运营成本入手，很快做出决定：请专家制定了一套电子采购策略。这一做法有助于通过集中购买及消除大量的企业一般行政管理费用来达到节省开支的目的。然而在最后的分析中，节省的效果却并未达到该公司的预期。

为了寻求更佳的节省效果，该公司开始转向其主要商品，如原料、纸盒、罐头及标签。公司分析了可能影响采购成本的所有因素，包括市场预测、运输、产品规格的地区差异、谈判技巧及与供应商关系等。通过深入的调查，一些问题开始浮出水面。结果显示，在材料设计、公司使用的供应商数量和类型、谈判技巧以及运输方面均存在着相当明显的缺陷。

公司采购的谈判效率奇低无比。

人们对是否该争取有利的谈判地位并不关心在意，而且公司对供应商所处行业的经济状况或成本结构的研究也几乎是空白。因此，采购经理极少对现状提出质疑。采购经理们通常习惯于在一个垂直一体化的卖家手中购买各种原料，而不是去寻找每种原料最佳供应商。

公司几乎从不将自己的采购成本与竞争对手的采购成本进行比较。

公司缺乏将营销及购买部门制度化地集合在一起的机制。

这也就意味着，公司没有对市场营销所需要的材料的成本和收益进行评估的系统。

公司节省成本的机制不灵活。

即使当采购经理发现了节省成本的机会（可能需要改变机器规格或操作流程），他们也很难让整个企业切实地实施自己的想法。任何一次对系统的调整所耗去的时间都会比实际需要的长得多。当意识到未能进行采购成本管理而造成的诸多损失时，公司开始对这个问题进行全面的处理。

(1) 设定了商品的优先次序，随后进行了一系列成本收益的统计，并运用6西格玛指标对竞争对手的情况进行了比较。

例如，按照营销部门对包装材料的规格要求，公司在制作包装盒时，其使用的纸材要比竞争对手的纸材更厚而且昂贵得多。这样的规格要求其实并无道理，因为高质量的纸材并不会给公司带来任何额外的好处。公司还发现，在给铁罐上色的过程中，整个流程需要四道工序，而事实上一道工序就足够了，这样的话自然也会减少很多开支。

除此以外，公司在低价值品牌的产品包装上使用了2张标签（前后各一张），事实上只用一张也已足够。最后，由于公司属下的品牌及规格品种繁多，并且考虑到地区性推广的时间、问题及不同地区所采用的不同标签内容，公司所印制的标签的流通周期显得偏

短。比较而言，延长印刷标签的周期会给公司节省很多钱。事实上，公司高达80%的标签是用作短期运作的，而主要竞争对手80%的标签却是用作长期运作的。

（2）建立了一套积极的谈判方式。

这需要对现有及潜在供应商的成本及生产能力进行详细的评估，包括对供应商成本结构的分析。尽管大多数的经理认为他们在谈判桌上已经足够强硬，但是几乎没有人真正在谈判中保持了应有的一丝不苟的态度。结果，在过去这些年里，商务谈判通常显得过于轻松惬意。因此，为了克服这种思想上的松懈，采购经理们在进行谈判前应做好准备，充分了解供应商成本的相互比较并对供应商的成本结构做深入分析。在这些方面做好精心准备是非常重要的：对于大多数商品而言，70%的成本是由产品特质决定的，30%才是由供应商的竞争力决定的。例如，公司发现在购买一种主要原料时，其供应商的要价是最高的。在对供应商的成本结构进行分析后，公司发现事实上供应商是在其自身相对较高的成本基础上给产品定价的，对于该供应商而言这一定价确实已是不能再低了。于是，公司对其他供应商的成本结构进行了研究——这实在是复杂的“侦察”工作，研究中除了涉及一些普通的要素外，还将诸如农场位置、精炼设施、电力和劳动力成本及企业规模等因素考虑在内。研究结果显示，有一些企业的成本结构使它们能够以较低的价格出售产品，从而占据有利的市场地位。

公司同样对它的一家“一站式”供应商进行了研究，这家供应商不仅供应纸盒，而且还生产纸盒用的纸材并承揽纸盒印刷业务。经过对其他纸业及印刷业厂家成本的研究，公司发现，其实它能够以低得多的价格买到纸材并进行印刷。当公司在谈判中指出这一点时，供应商不得不降低了产品价格，否则它就将失去该公司的生意。事实证明，解剖纵向供应链以研究分散的成本实在是一种有价值的谈判手段。

这些工作的结果是公司原料成本节省了12%。节省下来的这些钱被平分至产品规格的改进及谈判技巧的完善工作上。此外，为了控制流失的采购成本，公司需要一个整体采购战略，这一战略将包括优化的规格及强硬的供应商谈判。

九、社会实践——企业采购控制的调查

学生以小组为单位，到校企合作企业，或教师推荐调研企业，或学生自主选择调研企业，企业主要业态为大中型超市或大中型制造企业，学生进入采购部门主要调研企业采购成本控制、采购质量和交期控制活动及其绩效，调研的主要内容包括：

（1）对企业相关采购部门采购物料种类、数目、成本等方面的资料进行调查并做相应的记录。

（2）调研企业对采购质量控制和验收过程，跟踪其作业过程。

（3）收集企业采购文件与单据样本（如物料跟催表、催货通知单、采购检验表、检验报告单、质量控制表等）。

（4）对企业采购质量控制、采购跟催环节进行跟踪，最好能够进行顶岗实习。

通过企业采购控制的调查，了解企业采购价格是否合理以及影响价格因素；了解企业

采购成本的构成以及采购成本是否合理；了解企业的采购物品检验制度和跟催制度。

根据企业采购成本的调查资料，以该企业某种采购商品为例，进行采购成本分析，撰写一份降低采购成本的分析报告。

根据对企业采购物品验收和跟催作业流程的调研，对发现的问题进行分析，撰写一份改进采购质量和采购交期控制的方案。

学习情境五　管理供应商

一、学习情境五综述

供应商管理是整个采购体系的核心，其表现也关系到整个采购部门的业绩。供应商管理是围绕着供应商的绩效数据展开对其绩效的跟踪和评价过程，供应商管理的最基本动力是降低企业的供应风险，提高企业的资源整合能力，进而提升企业的竞争力。具体见表 3－34。

表 3－34

<table>
<tr><td colspan="5">学习情境五　管理供应商</td></tr>
<tr><td rowspan="3">学时分配（共 8 学时）</td><td colspan="2">任务 1　供应商的审核</td><td colspan="2">2 学时</td></tr>
<tr><td colspan="2">任务 2　供应商档案管理</td><td colspan="2">2 学时</td></tr>
<tr><td colspan="2">任务 3　供应商的绩效评估</td><td colspan="2">4 学时</td></tr>
<tr><td rowspan="2">教学目标</td><td>知识目标</td><td colspan="2">能力目标</td><td>素质目标</td></tr>
<tr><td>1. 理解供应商管理的重要性
2. 理解供应商开发的基本流程
3. 掌握供应商档案管理的基本步骤
4. 掌握供应商绩效评估的主要内容</td><td colspan="2">1. 能够根据供应商绩效评估指标设计供应商绩效考核表
2. 能够根据供应商开发流程实施供应商认证工作
3. 能够独立完成供应商档案的收集和整理工作</td><td>1. 培养学生客观公正的处事原则
2. 培养学生协调沟通能力
3. 培养学生团队协作精神
4. 培养学生实事求是的工作作风
5. 培养学生强烈的责任感</td></tr>
<tr><td rowspan="2">教学重点</td><td rowspan="2">供应商审核的内容和方法
供应商档案管理的内容
供应商档案管理的模式
供应商绩效评估的主要内容
供应商绩效评估指标体系</td><td>教学难点</td><td colspan="2">供应商绩效评估</td></tr>
<tr><td>解决办法</td><td colspan="2">通过技能训练，使学生掌握供应商绩效评估的工具、方法和流程，解决教学难点问题</td></tr>
<tr><td>教学工具和载体</td><td colspan="4">多媒体教学设备；教学课件；网络教学资源；教材及参考书；任务单</td></tr>
</table>

续 表

学生能力的要求	1. 掌握一定的物流和供应链的理论知识 2. 掌握一定的信息管理知识 3. 具备一定的分析能力和判断能力 4. 具备一定的评价能力
教师能力的要求	1. 能够根据教学方法设计教学情境 2. 能够按照设计的教学情境组织教学 3. 能够引导学生进行自主学习，解答学生问题 4. 能够对学生的学习情况进行准确的评价 5. 熟悉供应商管理理论和实践

二、关键词

供应商：供应商是指直接向零售商提供商品及相应服务的企业及其分支机构、个体工商户，包括制造商、经销商和其他中介商。或称为“厂商”，供应商品的个人或法人。

供应关系：供应关系是企业与供应商之间达成的最高层次的合作关系，是指在相互信任的基础上，供需双方为了实现共同的目标而采取的共担风险、共享利益的长期合作关系。

供应风险：供应风险的来源是各种不确定性因素的存在；由于供应链网络的企业之间是相互依赖的，任何一个企业出现问题都有可能波及和影响其他企业，影响整个供应链的正常运作，甚至导致供应链的破裂和失败。

绩效评估：绩效评估是一种正式的供应商评估制度，是通过系统的方法、原理来评定和测量供应商在供应过程中的工作绩效。绩效评估是企业与供应商之间的一项管理沟通活动，绩效评估的结果可以直接影响企业与供应商的合作关系。

三、课前阅读

《采购与供应链管理》（第二版）第三篇、第四篇　中信出版社。该书运用大量动态实例，论述了世界范围内顶级采购经理人对供应链研究的最新进展，剖析了采购与供应链管理的发展方向及热门论题，更加深刻地反映了采购与供应链的结合与实施过程中所必须遵循的原则、步骤以及相关措施。

《采购与供应关系管理》北京中交协物流人力资源培训中心　全国高等教育自学考试采购与供应管理（本科）教材、中英合作采购与供应管理职业资格证书考试指定教材

《采购绩效管理》北京中交协物流人力资源培训中心　全国高等教育自学考试采购与供应管理（本科）教材、中英合作采购与供应管理职业资格证书考试指定教材

《采购管理实务》人民交通出版社“十一五”规划教材 教育教学改革项目推荐教材

四、网络资源

英国皇家采购与供应管理认证网 http://www.cips.org.cn，其中远程课堂有相关的知识介绍。

英国皇家物流职业认证网 http://www.cltc.net，其中的远程课堂有相关的知识介绍。

政府采购网 http://www.ccgp.gov.cn，由中华人民共和国财政部组织，覆盖全国范围的政府采购信息网站。

五、任务分析（见表 3－35）

表 3－35

任务单元	任务描述	任务目标	涉及的知识	任务成果
任务 1　供应商的审核	通过主观和客观的审核方法对可能发展的供应商的价格、服务和质量进行审核	能够掌握供应商审核的内容 能够掌握供应商审核的方法 能够完成供应商认证审核和质量体系审核的一般性工作	供应商审核的类型 供应商审核的方法 供应商审核的内容	供应商调查表
任务 2　供应商档案管理	通过不同的渠道收集供应商信息，对信息资料进行整理、归档和维护	了解供应商档案管理的内容 掌握供应商档案管理的流程 能够对供应商档案进行归档 能够熟练操作供应商数据库	供应商档案管理概念 供应商档案管理对象 供应商档案管理程序	供应商基本信息表
任务 3　供应商的绩效评估	通过供应商绩效评估指标体系，对现有供应商的业绩进行综合考核，对供应商进行跟踪与辅导	掌握供应商评估指标体系 能够运用评估指标对供应商进行评价和分级 能够对供应商绩效进行分析	供应商评估指标 供应商评估方法 供应商等级划分 供应商奖惩条例	供应商评估报告

六、教学组织与安排

本学习情境的一个标准的任务项目的教学过程仍可以按照“任务导入—讲授知识—学生完成任务—任务成果展示—点评和总结—延伸学习”六步法来组织。但是还要辅助于模拟教学、案例教学等多种教学形式。具体见表 3-36。

表 3-36

教学环节	教学过程和内容	教学方法	时间分配（分钟）
任务导入	描述任务，提出任务的要求，交代完成任务的关键步骤	引入法	10
讲授知识	讲授完成任务所必备的知识要点	课堂讲授法	30
学生完成任务	学生以小组为单位，按照要求，共同完成任务。教师可以适时地进行指导	任务驱动法	30
任务成果展示	每个小组由一名学生将任务的成果进行展示说明，组内其他同学可以进行补充	任务驱动法	10
点评和总结	教师对学生的作品进行点评，总结完成本项任务所应具备的知识和能力，同时布置课后实训任务	课堂讲授法	10
延伸学习	根据该任务涉及的内容，布置课后进一步学习的知识	指导和建议	课后学习

说明：

以上课堂活动是以完成一个工作任务、教学课时为两节课为一个单元，各个教学环节可根据教学内容进行调整。

本学习情境的教学组织示例（以任务 3 为例，仅供参考）如下文所述：

任务 3　供应商的绩效评估

环节 1——任务导入

企业需要对供应商进行日常业绩跟踪和阶段性评价，对供应商进行评估通常是分为年度、季度和月度三个时间段。企业需要用一套供应商评价指标，对供应商的实际业绩进行打分，根据评价的结果对供应商进行分级，采取相应的策略。

环节 2——讲授知识

在本项任务中，讲授涉及供应商评估的主要知识点，主要包括评估供应商绩效的指标、评估供应商绩效的方法、对现有供应商的分级以及奖惩办法。通过对知识点的讲解，使学生明确用什么标准对供应商的绩效进行评估，如何对供应商的绩效进行评估，评估的结果如何使用，对供应商起到什么样的作用等问题。

（1）由于供应商的绩效评估是一项程序化的工作，教师可以选取较典型的案例或是教学短片应用于教学中，使学生对供应商绩效评估有一个直观的印象，便于学生操作。

（2）本项任务除了利用2个学时讲课和训练，教师最好利用2个学时组织学生进行一次模拟训练，使学生能够将所学到的知识应用于实际操作中，对本项任务有一个更加深刻的理解和思考。

环节3——学生完成任务

教师给学生布置任务，要求学生按照要求在规定时间内完成。课堂训练任务的素材可以由教师提供，也可以布置学生在课余时间搜集，由教师审核后使用。课堂训练的任务可以在课堂上临时布置，要求学生当堂完成，也可以提前布置给学生，要求学生事先做好准备，在课堂上以小组为单位，组员充当不同的角色共同完成。

课堂技能训练活动示例：供应商评估方法（加权分法）训练

技能训练目标：通过供应商评估（加权分法）活动的训练，使学生掌握供应商评估（加权分法）的具体方法，培养学生在实际采购业务中，对供应商进行准确评估的能力。

技能训练要求：根据所给的资料，运用供应商评估方法（加权分法）选择下期合适的供应商。

技能训练步骤：

（1）教师简要介绍加权分法的原理。

（2）给出加权分法的权重，即产品质量占40分，价格占35分，合同完成率占25分。

（3）给出实例：某物品需要单位拟按加权分法评价本地的4个供应商，已知资料见表3－37：

表3－37　供应商供货情况

供应商	收到的商品数量（件）	验收合格的数量（件）	单价（元）	合同完成率（%）
A	2000	1920	89	98
B	2400	2200	86	92
C	600	480	93	95
D	1000	900	90	100

（4）根据以上资料进行计算，选择下期合适的供应商。

技能训练注意事项：

（1）注意加权分法的计算方法是先规定衡量供应商的各种重要指标（如质量、价格、合同完成率等）的加权分数，并据历史统计资料，分别计算各供应商的得分，选择得分最高者为最终供应商。

（2）注意加权分法的两大特点是：①将各衡量项目的重要程度，加上了不同的权重。②以历史统计资料为基础，通过计算得出分数，属于计量分析方法。

环节4——任务成果展示

由各组派一名学生将任务的成果进行展示说明，组内其他同学可以进行补充。教师在听取各组汇报时，可以参照表3-38评分标准对各组进行打分。

技能训练评价：

表3-38

考评人		被考评人	
考评地点			
考评内容	供应商评估方法（加权分法）训练		
考评标准	具体内容	分值	实际得分
	有较强的分析能力，分析过程准确无误	40	
	相关概念清楚，解决问题思路清晰	30	
	计算结果准确、结论正确，说理充分	30	
合　计		100	

环节5——总结和点评

教师对各组汇报的成果进行点评。在点评中，除了发现学生完成任务的亮点，一定要指出存在的问题，这样有助于学生学习水平和操作水平的提高，使得学生在今后的工作中使用正确的思维和工作方法。

环节6——延伸学习

采购风险。

七、实训项目

（一）任务1实训项目：编制供应商调查问卷和供应商基本资料信息表

1. 实训目的

学生通过独立编制一份供应商调查问卷和供应商基本资料信息表，深入了解供应商开发和供应商档案管理的具体流程，进而检验学生对本部分知识的掌握情况。

2. 实训评估要点

调查问卷没有固定格式限制，但应该包括如下内容：

（1）供应商的经营状况。主要包括供应商经营的历史、负责人的资历、注册资本金额、员工人数、完工纪录及绩效、主要的客户、财务状况。

（2）供应商的生产能力。主要包括供应商的生产设备是否先进，生产能力是否已充分利用，厂房的空间距离，以及生产作业的人力是否充足。

（3）技术能力。主要包括供应商的技术是自行开发还是从外引进，有无与国际知名技术开发机构的合作，现有产品或试制品的技术评估，产品的开发周期，技术人员的数量及受教育程度等。

(4) 管理制度。主要包括生产流程是否顺畅合理，产出效率如何，物料控制是否电脑化，生产计划是否经常改变，采购作业是否对成本计算提供良好的基础。

老师可以要求学生对所编制的供应商调查问卷进行适当的说明，根据解释的充分合理情况进行评判。

(二) 任务2实训项目：供应商年度评价模拟

1. 实训目的

通过组织学生进行一次供应商年度评价模拟，加深学生对供应商绩效评价要点的了解，同时要求学生阐述评价过程中的注意事项，进而检验学生对本部分知识掌握情况。

2. 实训评估要点

本项训练没有标准答案，老师针对各组在供应商评价过程不同阶段的表现，重点考察以下交付细节：

(1) 评估准备

应设立评估指标，见表3-39：

表3-39

质量指标	来料批次合格率	合格来料批次÷来料总批次×100%
	来料抽检缺陷率	抽检缺陷总数÷抽检样品总数×100%
	来料在线报废率	来料总报废数（含在线生产时发现的）÷来料总数×100%
	来料免检率	来料免检的种类数÷该供应商供应的产品总种类数×100%
供货指标	准时交货率	按时按量交货的实际批次÷订单确认的交货总批次×100%
	交货周期	自订单开出之日到收货之时的时间长度，常以天为单位
	订单变化接受率	订单增加或减少的交货数量÷订单原定的交货数量×100%
价格指标	价格水平	往往同本公司所掌握的市场行情比较或根据供应商的实际成本结构及利润率进行判断；报价是否及时，报价单是否客观、具体、透明（分解成原材料费用、加工费用、包装费用、运输费用、税金、利润等以及相对应的交货与付款条件）
	降低成本的态度和行动	是否真诚地配合公司或主动地开展降低成本活动，制订改进计划、实施改进行动，是否定期与本公司商讨价格
	分享降价成果	是否将降低成本的好处也让利给顾客（本公司）
	付款	是否积极配合响应本公司提出的付款条件要求与办法，开出付款发票是否准确、及时、符合有关财税要求

续 表

支持、配合与服务指标	反应表现	对订单、交货、质量投诉等反应是否及时、迅速，答复是否完整，对退货、挑选等是否及时处理
	沟通手段	是否有合适的人员与本公司沟通，沟通手段是否符合本公司的要求（电话、传真、电子邮件以及文件书写所用软件与本公司的匹配程度等）
	合作态度	是否将本公司看成是重要客户，供应商高层领导或关键人物是否重视本公司的要求，供应商内部沟通协作（如市场、生产、计划、工程、质量等部门）是否能整体理解并满足本公司的要求
	共同改进	是否积极参与或主动提出与本公司相关的质量、供应、成本等改进项目或活动，或推行新的管理做法等，是否积极组织参与本公司共同召开的供应商改进会议、配合本公司开展的质量体系审核等
	售后服务	是否主动征询顾客（本公司）的意见、主动访问本公司、主动解决或预防问题
	参与开发	是否参与、如何参与本公司的产品或业务开发过程
	其他支持	是否积极接纳本公司提出的有关参观、访问事宜，是否积极提供本公司要求的新产品报价与送样，是否妥善保存与本公司相关的文件等不予泄漏，是否保证不与影响到本公司切身利益的相关公司或单位进行合作等

（2）评估过程

应依据事实重点检查以下方面：

①供应商所提供的供货周期是否稳定。

②供应商产品质量问题。

③大批量的订单与分批送货之间的冲突。

④信用意识薄弱。

⑤频繁更换供应商造成供应链成本增加。

（3）评估结束

应提交评估报告，该报告内容应包括以下内容：

①报告对象。

②评估过程。

③评估结果。

④改进建议。

八、经典案例

案例1 沃尔玛的供应商认证体系

沃尔玛作为世界500强企业中数一数二的企业，其实力自然不言而喻。它凭借先进的电子商务平台和高效的物流管理体系继续着惊人的业绩和扩张的神话。

为了配合其总体战略，沃尔玛实施了富有成效的全球采购战略。21世纪的中国，正在成为全球的采购中心，所以中国是沃尔玛全球采购战略中非常重要的一环。在最近几届的中国商品交易会和华东商品交易会上，沃尔玛都作为特约的大宗采购商参展。

尽管沃尔玛采购数量巨大、品种繁多，但要成为沃尔玛的供应商并不容易，因为沃尔玛有着一套非常严格、近乎苛刻的供应商认证体系。

1. 工厂审计程序

工厂审计程序是由供应商提出申请后，沃尔玛派出的审计员在沃尔玛的产品开始生产之前的30天完成，通常的审计程序如下：

(1) 问卷

沃尔玛在审计的时候会优先采用精通当地语言的审计团队。当审计人员到达工厂后，首先会与工厂的管理层会面，工厂的管理层应提供填写完毕的工厂问卷，这些问卷是在工厂提出申请后，沃尔玛发给工厂的。

(2) 工厂巡视

会议结束后，审计员会巡视工厂。通常，审计员是在尽可能少的工厂管理层协助之下巡视工厂。沃尔玛认为，只有在尽可能少的工厂管理人员的陪同下，审计员才能按照自己最有效率的方式进行审计，审计员应该多根据自己的经验，而不是工厂的解释来判断事物。当然，工厂巡视所需的时间不一，视工厂规模大小而定。

在巡视的时候，审计员将在生产区域与员工进行简短的对话，询问机械操作及其他相关的问题。另外，审计员可能测试防火设备和其他设备以确保其处于受控状态，并检查维修保养记录。

在巡视的最后，审计员将要求查看有关人事、工时和工资记录的文件，并提取其中的一些数据。这是沃尔玛审计时非常重要的一环，以此来查验工厂是否有不符合沃尔玛劳工权益方面的问题。

(3) 雇员面谈

在巡视完成以后，审计员会要求进行雇员面谈。沃尔玛认为雇员的意见是审计过程中重要的一部分，认证发现和观察到的问题可通过这类面谈获得确认。

雇员面谈在生产区以外的私人空间进行。理想状况下，工厂应该提供一个私人房间。无论在什么情况下，面谈都不可以在工厂管理层或他们的代表在场时进行。面谈的目的是发现雇员与审计有关的事项要说明。

面谈员工不少于15位，也不超过25位，视工厂规模而定。每位员工的面谈时间通常

为5~15分钟。理想情况是，面谈对象应包括工厂男、女员工和不同部门的员工。但是最好能与担任主要生产职位的员工面谈，而且面谈的对象不能是工厂指定的，审计员会在巡视工厂时挑选面谈对象，或者是审计员认为有必要进行面谈的某个岗位的人员。

(4) 工厂巡视总结

审计所发现的内容将会在结束会议上进行总结。不符合沃尔玛供应商标准的部分将被提出并与工厂管理层讨论，同时要求纠正行动，然后正式纳入纠正行动计划中。审计员会留下一份签名的审计情况报告给工厂管理人员保存，这样工厂便有一份该次审计期间观察到的缺陷的纪录。

(5) 工厂评估定义

在工厂审计结束后，沃尔玛会根据审计的情况给出结果。审计评估结果按标准分为五种：绿色、黄色、红色、不合格、永久取消资格。这分别代表了不同程度的可接受程度，绿色代表可接受，黄色表示需要改进，而红色则表示需要重大改进，不合格则为在几次审计中没有通过而暂时取消供应资格，永久取消资格就是永久取消沃尔玛供应商的资格。

在工厂接到黄色和红色评估结果的时候，供应商可以向沃尔玛供货，但是供应商必须提供改进计划，沃尔玛也会进行重新跟踪审计，当工厂改进不充分，取得3次黄色标志或2次红色标记时，工厂被列为不合格，暂停向沃尔玛供货。工厂可以通过第三方认证，证明自己已经重新成为合格供应商以后，沃尔玛会重启认证程序。

永久取消资格是最严厉的，只有在工厂违反了沃尔玛根本信念的时候才会发生。这些情况有：违反童工法、强迫劳工、体罚、非法运输、歧视、侵犯人权及不安全的工作环境等。

2. 沃尔玛的三振出局政策

作为全球最大的百货零售企业，沃尔玛坚守其经营的信念："尊重个人，服务客户，力求完美。"为了贯彻其政策和以最高的道德标准开展业务，沃尔玛在劳工权利和安全方面的标准特别严格。

例如，如果发现供应商违反任何有关童工、强迫劳工、不安全工作环境等法律或道德标准的情况，或转运用以提供给沃尔玛的商品，供应商将被视为从事违规生产，受到惩罚，直至终止和沃尔玛的业务关系。违规生产的意思是，在发现违规之日，货品在以下之一或多种情况下生产：①童工的使用；②强迫劳工（尤其是监狱产品）；③不安全的工作环境（指严重污染及有安全隐患的工作条件）；④转运（指非原产国商品）。

以上这些违规生产的例子只是其中的一部分，因此，确保在生产或运送货品给沃尔玛时，始终遵守所有相关法律和道德标准是每一个供应商的责任。被认为违规生产的供应商将会收到违规书面通知，并将受到下列制裁。

第一振：供应商违规生产，所有待发订单将被取消；生产中的和尚未出货的违规产品将被拒收。违规将从发生之日起留在供应商的记录上两年。

第二振：在初次违规后的两年内若供应商发生第二次违规生产，将造成所有待发订单的取消、生产中的和尚未出货违规产品的拒收。在发生第二次违规后的90天里，供应商将不能接到在发生违规工厂的国家里生产的任何订单。在这90天里，供应商将被要求，在自行负担费用之下，完成由独立的第三方认证公司为其所作的用来生产沃尔玛商品的所有工厂进行的审计，并必须获得令人满意的审计结果。

第三振：任何时候，若沃尔玛认为某供应商存在重复违规的情况，沃尔玛将终止和该供应商的关系。该供应商所有未生产的订单都将被取消，生产中的和尚未出货的违规产品将被拒收。

沃尔玛带给我们的是完全不同的经营理念。它并不是不择手段地追求低成本，而是将较高的道德和法律标准作为考量供应商的重要标准，达到了这一标准后，才会涉及有关价格和数量的谈判。

案例2　通用电气对供应商的要求

通用（GE）电气公司是一家有着悠久历史的全球性技术服务财务公司，成立于1896年，目前主要有13个全球性的商务操作部门，全球大约有30万员工，132个销售部门。GE是一个非常全球化的公司，将近90%的员工是来自美国以外，40%的销售是来自海外。

GE的采购模式不以国家作为分界，对全球的供应商的要求都是一样的，各个国家的供应商都要达到同样的标准、同样的程序、同样的思维操作方式。

GE对供应商有四个最基本的要求：价格、质量、交货和诚信。

在价格方面，GE是全球采购，这种全球的竞争会使供应商的价格压得很低。因为全球范围内有很多的公司之间竞争。同时，GE看中的不仅是一开始时候的价格，GE合作开始之后，它会要求供应商第二年、第三年，每年都要下降5%～10%的价格，GE的理念是："我要成为世界上最有竞争力的公司，我的供应商也要成为世界上最有竞争力的供应商。我不光希望我自己内部成本要降低，我希望供应商的成本也要降低。"这样就要求供应商改革自己的采购程序、改革自己的供应效应、改革自己的成本等。如果供应商连续三年不怎么降低价格，GE就要考虑选择新的供应商。

在质量方面，如果供应商有一年质量非常差，他就有可能不能再和GE合作了，在这个质量上就没有任何商量，因为GE的设备都是用在医院或者是家庭医疗当中，如果出了问题就会出现误诊。

GE对全球供应链的要求非常严格，供应商一定要准时交货，如果不能准时交货，就要用飞机运输，而不是用船，成本就一下上去了。GE不仅是质量价格的要求，整个的供应要求从来都没有放松过。对于供应商来说，难的是怎么样保持整体的质量水平。如果供应商有一个程序错误，就会被GE取消供应商资格，包括供应商对GE的人行贿，还有包括对供应商自己人员的管理等。

很多供应商通过和GE合作，不仅和GE合作越做越大，而且提高了企业的整体竞争力。所以，这个机会对于很多中国的企业发展是非常好的机会，怎样在这个过程当中，真正和国际接轨，跟众多的来自各个国家的对手竞争，是中国企业应该思考的一个问题。

案例3 某汽车制造企业在全球性资源中构建组织能力

以下案例描述了一个汽车制造商，通过在中欧建立供应点来努力构建一个最佳的全球供应基地的过程。案例揭示了公司如何在全球化基础上进行商品细分，树立按全球观念，瞄准一个地区，筛选供应商，对筛选后的供应商进行优先排序等一系列管理过程。

1. 商品细分

新兴市场的销售规模扩张是该公司构建全球性采购能力的最初原动力。从销售预测中看出在成熟市场上销售额增长相对平缓，而在新兴市场增长以两位数计。这样的增长速度所需要的产量，使建立一个高度集成的装配工厂成为可能。

公司对所有重要零部件进行综合平衡，而不是逐个零部件去考虑。首先制定了一个商品细分模型，来确定商品能满足不同的战略需要。细分计划主要考虑的是制造和设计的总成本。

第一种商品细分方案，关注于两个事项，即采购规模与运输成本。矩阵左上方的商品来自个别能满足公司世界范围内需要的供应商；右下角的商品则是支持全球扩张战略而进行当地采购的最佳选择。

第二种细分方案，说明了采用全球统一设计还是采用当地的设计规格时要考虑的因素，主要包括以下四个方面：

(1) 产品开发成本高，而顾客定制的设计价值低时，新兴市场商品的设计与成熟市场上原先的产品设计完全一样。

(2) 同第一条情形完全相反，顾客定制设计带来的成本节约可能性大，公司应创造符合当地顾客需求的新设计。

(3) 新设计的价值相对低，产品开发成本也低，公司可以沿用原有设计，但增加一些新的规格说明，以适应当地供应基地的能力。

(4) 在地方化设计有很高的价值但产品开发成本也高的关键领域，公司采用了以低开发成本实现地方定制的设计方案，利用原有供应商开发出一系列产品。

综合利用以上两种细分方案，公司得出结论，地毯生产应该和装配厂在同一个地方，因为其生产规模中等且运输成本很高。引擎控制模块运输成本相对低而产品开发成本很高，公司决定采用全球统一设计并在全球范围内配送。

2. 树立全球观

尽管商品细分为制订商品资源计划提供了方向性的指导，但它仍无法确保未来目标的实现。不断变换的需求预测以及产品自身的复杂性，对发展全球供应基地提出了严峻挑战。

管理供应基地的第一步是开发一套综合决策支持工具，以增加当前和未来决策的客观性。这套决策支持工具利用销售国和制造国的长期预测，加上一张主要的交通系统的分析，对各种采购决策提供“如果……将会怎样”的说明。尽管计算非常复杂，但模型可以以一种简明易懂的可视化方式给出结果。图3－7给出的是一个简化了的输出结果，用柱状图按国家或地区来显示进口、出口和贸易平衡数据。

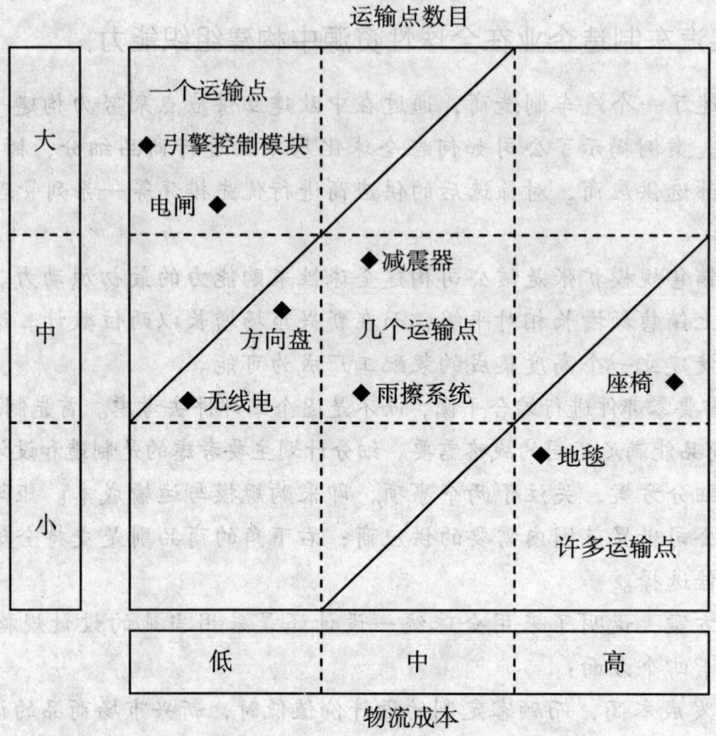

运输点数目

大
中
小

一个运输点
◆ 引擎控制模块
电闸 ◆
◆ 减震器
◆
方向盘
几个运输点
◆ 无线电
◆ 雨擦系统
座椅 ◆
◆ 地毯
许多运输点

低
中
高

物流成本

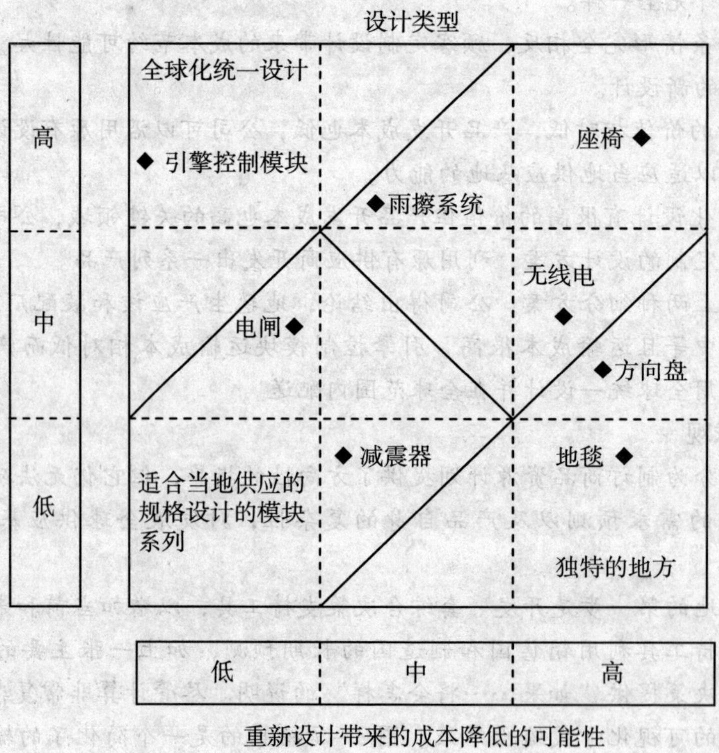

设计类型

高
中
低

全球化统一设计
座椅 ◆
◆ 引擎控制模块
◆ 雨擦系统
无线电
电闸 ◆
◆
◆ 方向盘
◆ 减震器
地毯 ◆
适合当地供应的
规格设计的模块
系列
独特的地方

低
中
高

重新设计带来的成本降低的可能性

图 3－6　某汽车制造商对全球商品进行细分

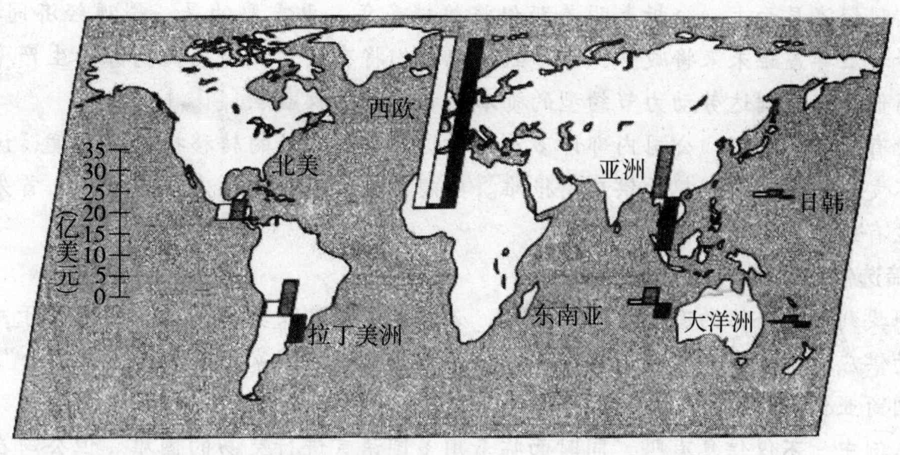

图 3－7　全球资源计划决策支持工具产生的演示结果

由于预测的不确定性及计划的长期性，决策支持工具产生的结果并不是最理想的。但是通过分析，至少决策者会明白哪儿的资源市场适宜哪种产品，风险如何，从而做出正面的积极措施来应对。

3. 地区选择

为测试从西欧到中欧的资源转移的可能性，公司小组设计了一个转移计划。计划的关键要素在于地区间的劳动力成本差距较大（最高达95%，见图 3－8）。有趣的是，即使中欧工资增长的百分数比德国快得多，但由于基数的巨大差异，两者间的绝对差距仍在拉大。

工业工人的平均月薪（全勤）				
		1992（$）	1995（$）	3 年对比差异（$）
西欧	德国	4400	4612	212
	意大利	2622	2499	－123
	英国	2177	2124	－53
	西班牙	2075	2262	187
中欧	捷克斯洛伐克	300	420	120
	匈牙利	300	430	130
	波兰	290	456	166
	斯洛伐克	260	348	88
	罗马尼亚	120	183	63

图 3－8　西欧与中欧的劳动力成本比较

在宏观经济层面上，分析表明差距仍将维持多年。更重要的是，微观经济同样重要：尽管工资和汇率差距未来将减少，但中欧供应商们将有大量机会来提高劳动生产率，而西欧供应商们已开始到达劳动力节约型的资本投资的边际收益点。

尽管有了宏观分析，公司内部许多人仍对这种资源市场的转移持怀疑态度，认为在这样一个不发达地区寻找理想的供应商很难。要想排除人们在中欧采购的疑虑，首先需要证明该地区有着足够数量的供应商基地。

4. 筛选供应基地

要想找到大量合格的有潜质的供应商，必须克服信息收集的困难。问题在于，中欧很多国家的供应商都没有先进的信息设施，好在大多数中欧国家都有类似“贸易会”形式的提供本国商业信息的组织。

在本例中，不仅信息有限，同时面临着用多国语言进行交易的困难。但公司在6个不同国家为一系列的相关产品发布了大量信息，以调查潜在供应商的情况。见图3－9，对潜在供应商的情况进行了分析，供进一步选择。最终对小范围的供应商进行了书面调查，包括对其质量、可利用的能力和工艺流程技术。

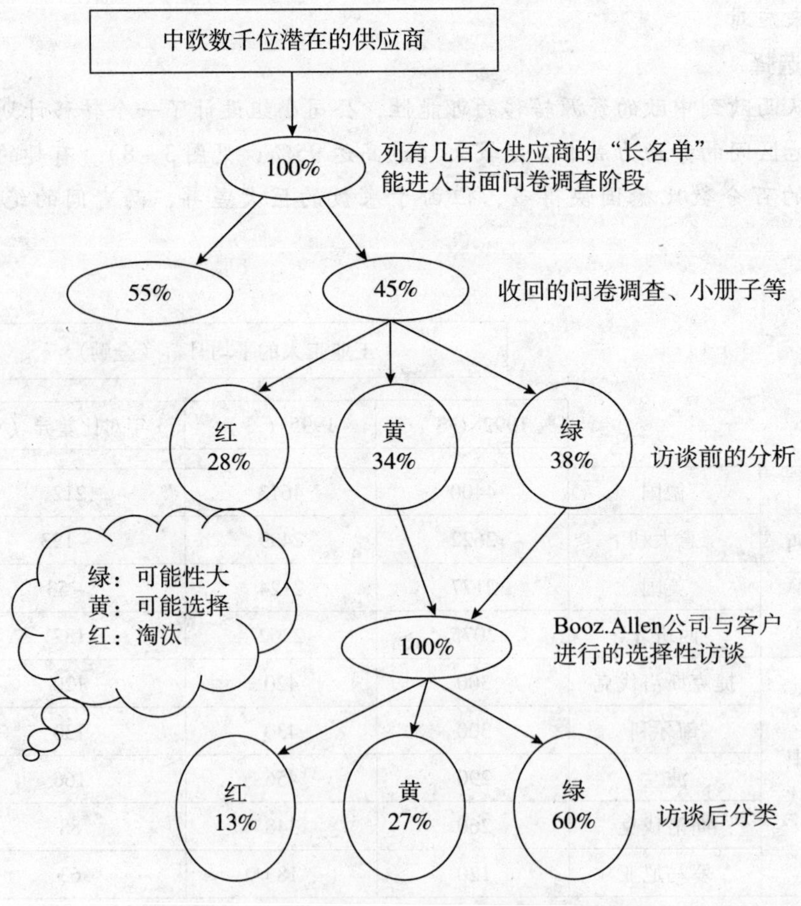

图3－9　Booz. Allen 公司对供应商的识别和筛选

上述供应商群体中只有不到一半能进入下一轮挑选。根据问卷的情况，供应商被划分为三类：绿色，极可能选择的供应商；黄色，可能选择的供应商；红色，立即淘汰的供应商。

在对绿色和黄色供应商的实地访谈过程中，访谈小组将做一些基本的质量审查，并与销售代表面谈以评估每一供应商的人员情况和工作程序。现场访谈后，小组选出了13%不能满足客户需要的供应商。根据从现场访谈搜集到的信息，新分类中仍有60%的供应商为绿色。虽然公司内部存在一些怀疑，项目组还是选中了近100个较好的中欧供应商。

5. 对供应商按优先顺序排序

公司希望和这些新供应商保持长期合作关系，但同时又要不断改进近期和远期成本。因此，公司对所选的供应商进行优先顺序排序，并对不同的供应商采取了不同的策略。

6. 建立当地办事处

公司投资在当地建立办事处，在当地雇佣员工以减少语言和文化的冲突，同时也简化了供应链管理程序。

九、社会实践——供应商业务综合能力评估训练

学生以小组为单位，到校企合作企业，或教师推荐调研企业，或学生自主选择调研企业，企业业态为大中型生产制造企业，学生深入采购部、储运部、质量部、生产部、财务部等多个业务部门，了解供应商在原材料过程中的原材料价格、质量、售后服务、技术支持等情况，对供应商进行评估。

1. 实践目标

通过对供应商业务综合能力评估的训练，使学生掌握供应商评估的具体步骤，掌握供应商评估的具体方法，培养学生的价值分析能力和逻辑思维能力，培养学生沟通交流技巧和供应商关系处理能力。

2. 实践流程

（1）学生每6人组成一个供应商评估小组。

（2）分配角色，采购部、储运部、质检部、生产部、财务部和销售部六个部门各一人。

（3）各部门人员列出所关心的项目。

（4）讨论确定所需的评估项目，并确定其权重，总分为100分。

（5）小组成员为各个评估项目制订评估标准。

（6）设计供应商评估所需的各种表格。

（7）供应商评估小组根据以上各个因素，对本公司的供应商进行考核。

3. 注意事项

（1）熟悉每个角色的工作职责。

（2）熟悉企业采购业务的工作流程，具备评价分析的专业知识和能力。

(3) 掌握沟通与交流技巧。

(4) 注意培养团队合作意识和认真严谨的工作态度。

学习情境六　评价采购

一、学习情境六综述

在完成采购任务之后，需要对采购工作效果进行评价。评价企业采购工作主要是对采购部门工作绩效和采购人员工作绩效评估。具体见表 3－40。

表 3－40

<table>
<tr><th colspan="5">学习情境六　评价采购</th></tr>
<tr><td rowspan="2">学时分配
(共8学时)</td><td colspan="3">任务 1　采购绩效评估</td><td>4 学时</td></tr>
<tr><td colspan="3">任务 2　采购人员的工作绩效考核</td><td>4 学时</td></tr>
<tr><td rowspan="2">教学
目标</td><td>知识目标</td><td colspan="2">能力目标</td><td>素质目标</td></tr>
<tr><td>1. 理解进行采购绩效评估的目的
2. 掌握采购绩效评估的指标体系
3. 掌握采购绩效评估的标准
4. 掌握如何实施采购绩效评估（评估人员、评估方式、评估流程）
5. 掌握对采购人员工作绩效考核的基本标准
6. 掌握采购人员工作绩效方法和流程</td><td colspan="2">1. 能够根据采购绩效评估指标设计采购部门绩效考核表
2. 能够正确使用采购绩效考核表对采购工作进行评估
3. 能够正确地运用评估结果
4. 能够根据对采购人员考核内容设计绩效考核表
5. 能够正确实施考核，并正确使用考核结果</td><td>1. 培养学生客观公正的处事原则
2. 培养学生协调沟通能力
3. 培养学生团队协作精神
4. 培养学生实事求是的工作作风</td></tr>
<tr><td rowspan="2">教学
重点</td><td rowspan="2">1. 采购绩效评估指标体系
2. 采购人员绩效考核指标
3. 采购人员考核结果的运用</td><td>教学
难点</td><td colspan="2">1. 采购绩效评估指标体系
2. 采购人员绩效考核指标</td></tr>
<tr><td>解决
办法</td><td colspan="2">通过学生讨论和技能训练，使学生掌握采购绩效评估的工具、方法和流程，解决教学难点问题</td></tr>
<tr><td>教学工具和载体</td><td colspan="4">多媒体教学设备；教学课件；网络教学资源；教材及参考书；任务单</td></tr>
<tr><td>学生能力的要求</td><td colspan="4">1. 掌握一定的物流和供应链的理论知识
2. 掌握一定的绩效管理知识
3. 具备一定的分析能力和判断能力
4. 具备一定的评价能力
5. 具有数据收集和整理能力</td></tr>
</table>

续　表

教师能力的要求	1. 能够根据教学方法设计教学情境 2. 能够按照设计的教学情境组织教学 3. 能够引导学生进行自主学习，解答学生问题 4. 能够对学生的学习情况进行准确地评价 5. 熟悉采购绩效管理的理论和实践

二、关键词

采购绩效：采购绩效是指从数量和质量上来评价采购部门和采购人员达到规定目标和实现具体目标的程度。

采购绩效评估：采购绩效评估是对采购工作进行全面系统地评价、对比，从而判定所处整体水平的做法。

目标绩效：目标绩效是指在现有条件下，非经过一番特别的努力才能达到的较高的目标。

标杆管理：标杆管理是一个系统的、持续性的评估过程，通过不断地将企业流程与世界领先企业相比较，以获得帮助企业改善经营绩效的信息。

三、课前阅读

《采购绩效管理》　北京中交协物流人力资源培训中心　全国高等教育自学考试采购与供应管理（本科）教材、中英合作采购与供应管理职业资格证书考试指定教材

《采购组织与绩效管理》　邓明荣、冯毅编著　中国物资出版社

《采购绩效测量与商业分析》机械工业出版社　全国高等教育自学考试采购与供应管理专业、中英合作采购与供应管理职业资格证书考试指定教材

四、网络资源

英国皇家采购与供应管理认证网 http://www.cips.org.cn，其中远程课堂有相关的知识介绍。

英国皇家物流职业认证网 http://www.cltc.net，其中的远程课堂有相关的知识介绍。

五、任务分析（见表3－41）

表3－41

任务单元	任务描述	任务目标	涉及的知识	任务成果
任务1　采购绩效评估	采购绩效评估是对采购工作进行全面系统的评价。完成该项任务应考虑两个方面的问题：第一，选择和确定什么样绩效考核指标进行考核；第二，如何实施采购绩效考核	1. 能够根据采购绩效评估指标设计采购部门绩效考核表 2. 能够根据采购部门的实际情况填写采购绩效考核表 3. 能够对不良绩效进行分析和提出改进措施 4. 能够运用绩效考核结果	1. 采购绩效评估含义 2. 采购绩效评估体系 3. 采购绩效评估标准 4. 采购绩效评估方式 5. 采购绩效评估程序	1. 采购部门绩 2. 效考核表 3. 采购部门绩 4. 效改进表 5. 采购部门绩效奖惩表
任务2　采购人员的工作绩效考核	企业对采购人员的工作绩效评估是一件非常困难的事情，要做到对采购人员的绩效评估切实可行，而且公平、公正。要考虑几方面的问题：第一，如何收集员工的工作记录；第二，如何设定绩效考核指标；第三，如何进行考核；第四，如何使用考核结果	1. 能够根据对采购人员考核内容设计绩效考核表 2. 能够运用考核指标对采购人员正确实施考核 3. 能够正确对待采购人员的申诉，填写绩效考核申诉表 4. 能够正确使用考核结果，对采购人员进行分级和奖惩	1. 采购人员考核指标 2. 绩效考核等级 3. 绩效考核奖惩条例 4. 绩效考核申诉	1. 采购人员绩效考核表 2. 绩效考核申诉表 3. 采购人员绩效奖惩表

六、教学组织与安排

本学习情境的两个任务的教学过程可以按照“任务导入—讲授知识—学生完成任务—任务展示—点评和总结—模拟训练—延伸学习”七个教学环节来来组织。教学中辅助于模拟教学、角色扮演等教学形式。具体见表3－42。

表 3－42

教学环节	教学过程和内容	教学方法	时间分配（分钟）
教学导入	运用案例（或情景描述），提出本项任务的主要内容	引入法	10
讲授知识	讲授完成任务所必备的知识要点	课堂讲授法	30
学生完成任务	学生根据教师布置的任务，按照要求在规定时间内完成	任务驱动法	30
任务成果展示	每个小组由一名学生将任务的成果进行展示说明，组内其他同学可以进行补充	任务驱动法	10
点评和总结	教师对学生的结论进行点评，总结本项任务所应具备的知识和能力	课堂讲授法	10
模拟训练	以课后实训项目为训练内容，组织学生模拟采购绩效评估或采购人员工作绩效评估	模拟教学法 角色扮演法	90
延伸学习	根据该任务涉及的内容，布置课后进一步学习的知识	指导和建议	课后学习

说明：

以上课堂活动是以完成一个工作任务、教学课时以四节课为一个单元，各个教学环节可根据教学内容进行调整。

本学习情境的教学组织示例如下文所述：

任务 1　采购绩效评估

环节 1——任务导入

由采购绩效考核表引出需要完成的任务。

以下是采购绩效考核表（见表 3－43），请根据实际情况填写：

表 3－43

项目次序	目标（项目及数值）	重要性	工作计划	时间	工作进度（%）				自行检查	考评
					3 月	6 月	9 月	12 月		
1	降低采购成本 5% ~10%	35%	①检讨同类物料购买数 ②协议付款条件 ③以 1 月为参考标准	计划						
				实绩						

续 表

项目次序	目标（项目及数值）	重要性	工作计划	时间	工作进度（%）				自行检查	考评
					3月	6月	9月	12月		
2	提高交期准确率至95%	25%	①加强厂商辅导 ②严格厂商评鉴与奖惩 ③把握采购前宜期	计划						
				实绩						
3	每月开发新供应商5家	20%	①了解专业期刊资讯 ②针对供应商较集中物料开发新厂商	计划						
				实绩						
4	加速呆滞料处理，控制子库存总额5%以内	10%	①每月召开呆滞处理会议 ②审核把关订购单 ③定期追踪生产变更状况	计划						
				实绩						
5	提高事务效率，简化工作流程	5%	①检讨电话订货的可行性 ②扩大小量采购 ③借助电脑处理	计划						
				实绩						

任务分析：

以上的采购绩效考核表显示：对采购部门的绩效主要从五个方面进行考核，而且这五个指标的重要程度是不同的。由此可以看出企业对采购目标绩效的关注点。

一般而言，采购绩效指标体系是由采购质量、采购数量、采购时间、采购价格和采购效率等绩效评估指标构成，对采购效果和采购效率进行评价。采购绩效的评估由采购部门主管、财务会计部门、工程或生产部门、供应商和外界专家或管理顾问来实施，通过定期或不定期的评估活动，可以发现采购工作中的缺陷，积极采取改善性措施，确保采购目标的实现。

环节2——讲授知识

在本项任务中，讲授涉及采购绩效评估的主要知识点，包括采购绩效评估指标体系、采购绩效评估标准、采购绩效评估流程。通过对知识点的讲解，使学生明确用什么样的绩效考核指标对采购部门的绩效进行考核，如何实施采购绩效考核，考核结果应如何使用等问题。

在讲授过程中穿插着案例讨论，如“美国CAPS的各行业采购绩效指标”（教材

P201～202）。

案例提示：

通过对这些指标数据和相关方面的研究，企业可以了解到采购活动是否朝着正确的方向发展。这不仅可以对本公司采购活动情况更加了解，也可以通过所有方面的对比掌握竞争对手的采购活动和各自公司的相对位置。

由于采购绩效评估是一项程序化的工作，教师可以选取较典型的案例或是教学短片应用于教学中，使学生对供应商绩效评估有一个直观的印象，便于学生操作。

环节3——学生完成任务

由教师提供企业采购部门业绩素材，由学生运用“采购绩效考核表”对采购部门进行考核打分。学生按照要求在规定时间内完成。

课堂训练任务：填写采购绩效考核表训练

技能训练目标：通过填写采购绩效考核表的训练，使学生理解和掌握采购绩效考核指标及其运用，培养学生在实际采购业务中对采购部门工作绩效进行客观评价的能力。

技能训练要求：根据所给的资料，运用采购绩效考核表对企业采购部门进行评估。

技能训练步骤：

（1）教师简要介绍评估的原则和具体做法。

（2）根据所给的资料，采购部门进行自评，考核机构进行测评。

环节4——任务成果展示

由各组派一名学生将任务的成果进行展示说明，组内其他同学可以进行补充。教师在听取各组汇报时，可以参照表3－44评分标准对各组进行打分。

技能训练评价：

表3－44

考评人		被考评人	
考评地点			
考评内容	填写采购绩效考核表的训练		
考评标准	具体内容	分值	实际得分
	有较强的分析能力，分析过程准确无误	40	
	相关概念清楚，解决问题思路清晰	30	
	考核表的填写字迹清楚、规范、工整	30	
合　计		100	

环节5——总结和点评

教师对各组汇报的成果进行点评。在点评中，除了发现学生完成任务的亮点，一定要指出存在的问题，这样有助于学生学习水平和操作水平的提高，使得学生在今后的工作中使用正确的思维和工作方法。

环节6——模拟训练

以小组为单位，模拟采购部门绩效考核的全过程。具体内容见“实训项目”。

环节7——延伸学习

企业绩效标杆管理。

任务2　采购人员的工作绩效考核

环节1——任务导入

以康城公司人力资源部小王设计了一份对采购人员业绩考评表，在使用中遇到的一些困难为背景资料，要求学生通过本任务的学习，帮助小王设计一份切实可行的采购人员绩效考核表。

任务分析：

1. 分析评估表为什么会遭遇使用困难

从所给的背景资料的情况来看，导致评估表填写困难的原因可能有几个方面：

（1）在绩效评估中，只是单方面强调对绩效的评估，没有充分重视评估前期的准备工作，即前期准备工作是从绩效目标的设定开始，经过绩效指标的设计，对绩效信息的收集的整个过程，这就会导致绩效评估中产生冲突和矛盾，例如，对绩效指标的理解偏差等。所以，评估的前期工作对于绩效评估来说是至关重要的。对绩效目标中的各个指标的设定应该是求得评估中的不同群体对评估的目标和标准达成共识，避免冲突。

（2）在绩效考核中，没有充分考虑指标使用者的不同需求。由于考核者和被考核者有着不同的心理期望，例如，考核者希望绩效评估在操作中简便易行，能起到客观评估并提升员工绩效的作用，而被考核者则希望得到一些建设性的反馈。

（3）在绩效管理中，缺乏系统的良好的绩效标准及指标设定方法。首先是不能从对战略目标的分解和工作分析中得出绩效的衡量指标，其次对评估标准的设定主观性程度过高。

2. 设计更加客观、符合实际情况的评估指标体系

要做到对采购人员的绩效评估切实可行，而且公平、公正，能够作为员工激励的工具，应该考虑以下几方面的问题：第一，如何收集员工的工作记录；第二，如何设定绩效考核指标；第三，如何进行考核；第四，如何使用考核结果。

跨国公司在采购人员的绩效考核方面有许多成熟的经验值得借鉴，其中的精髓就是量化业务目标和等级评价。在考核中，跨国公司交替运用两套指标体系，即业务指标体系和个人素质指标体系。将业务指标量化，并同上期相同指标进行对比所得到的综合评价就是

业务绩效。在评估完成之后，跨国公司会把员工划分成若干个等级，或给以晋升、奖励，或维持现状，或给以警告或辞退，由此体现了绩效考核与员工切身利益的密切关系。此外还要对采购人员的个人素质进行评价，评价的内容不仅包括现有的能力评价，还包括进步的幅度和潜力。将能力评价与业绩评价联系起来，旨在进一步提升员工的素质。

环节 2——讲授知识

在本项任务中，讲授涉及采购人员的工作绩效评估的主要知识点，包括采购人员工作绩效的考核指标和考核方法、绩效考核等级的评定、绩效评估的奖惩条例和采购人员绩效评估流程。通过对知识点的讲解，使学生明确用什么样的绩效考核指标对采购人员的工作绩效进行考核，如何实施采购绩效考核，考核结果应如何使用等问题。

在讲授过程中穿插着问题讨论，如“对采购人员的绩效进行评估时存在着以下的困难，我们应该怎样面对”（教材 P210～211）。

讨论提示：

困难之一：采购供应部门获得的每一个成果都与本部门员工的绩效成果是一致的。但是员工是人，所以每个人的绩效会产生差别，如何去确定这种差别？

解决办法：建立绩效考核指标体系对采购人员进行考评，以确定这些差别。对于绩效较差的员工可能需要培训，可能需要更多的激励，或是更好的工具。如果这些都不奏效，就只能把这些员工调到公司的其他部门，而如果他的绩效还是达不到工作要求，只能解雇。

困难之二：建立个人绩效水平的考核机制很重要，但是很困难，因为个人的绩效成果都不可避免地既是定量的又是定性的，既是客观的又是主观，既是可度量的又是不可度量的。

解决办法：通过统计分析，根据每个采购人员的绩效，得出相对的结论并据此制定绩效的标准，这可能会提高采购人员绩效评估的准确性。

困难之三：每个采购人员可能面临完全不同的情况、不同的产品组合、不同的供应商和不同的客户需求，因此要将它们的绩效成果与考核一一匹配并得出完全公平的考核结果就很难。

解决办法：随机向采购人员分配采购需求，以使这些差别自动消失。但随之而来的一个问题是：这可能导致采购人员不能充分发挥专长，不能在他们精通的领域进行采购。

困难之四：如果一位采购人员，他的可量化成果超过了其他所有采购人员，但是他不能处理好与其他采购人员的关系，由此降低了整个团队的绩效，那么应该如何来评价这名员工的绩效呢？

解决办法：建立起相应的绩效指标作为评价标准，对员工的个人绩效进行评估。在建立指标时，除了考虑“硬性”要素外，还要考虑“软性”要素。

困难之五：在采购过程中，采购员收取好处费，人为造成采购中的腐败行为，这一现象普遍存在，但是在管理上却又束手无策，因为这些行为都是隐蔽的。

解决办法：在跨国公司，考核制度、企业文化和采购制度建设是限制采购人员腐败的三种主要手段，这些做法值得国内企业借鉴。建立良好的绩效考核制度可以达到这样的效果：采购人员主观上必须为公司的利益着想，客观上必须为公司服务，没有为个人牟利的空间。

从以上的情景可以看出，在进行采购人员绩效评估时会遇到许多困难。尽管存在着这些困难，采购人员绩效评价仍然是一个非常重要的问题，它不仅涉及采购人员本身，而且还涉及职能部门的绩效，因此建立相应的绩效考核制度非常必要，其中设计合理的绩效指标最为关键。

由于采购人员的工作绩效评估是一项程序化的工作，教师可以选取较典型的案例或是教学短片应用于教学中，使学生对供应商绩效评估有一个直观的印象，便于学生操作。

环节 3——学生完成任务

由教师给出设计的指导思想，要求学生在规定时间内设计一份采购人员的工作绩效考核表。

课堂训练任务：设计采购人员绩效考核表

技能训练目标：通过设计采购人员绩效考核表的训练，使学生理解和掌握采购人员的绩效考核指标及其运用，培养学生在实际采购业务中用客观公正的标准评价采购人员的工作。

技能训练要求：考核表可以从采购成本控制、采购交期控制、采购质量控制三个方面作为采购人员的工作绩效的关键指标，并赋予权重，设计一份采购人员的工作绩效考核表。

环节 4——任务成果展示

由各组派一名学生将任务的成果进行展示说明，组内其他同学可以进行补充。教师在听取各组汇报时，可以参照表 3－45 评分标准对各组进行打分。

技能训练评价：

表 3－45

考评人		被考评人	
考评地点			
考评内容	设计采购人员的绩效考核表的训练		
考评标准	具体内容	分值	实际得分
	有较强的分析能力，分析过程准确无误	25	
	相关概念清楚，解决问题思路清晰	20	
	关键绩效指标设计合理	30	
	各个指标赋予的权重合理	25	
合　计		100	

环节5——总结和点评

教师对各组汇报的成果进行点评。在点评中，除了发现学生完成任务的亮点，一定要指出存在的问题，这样有助于学生学习水平和操作水平的提高，使学生在今后的工作中使用正确的思维和工作方法。

环节6——模拟训练

以小组为单位，填写采购人员工作绩效考核表，并针对考核结果进行分析。具体内容见“实训项目”。

环节7——延伸学习

人员激励理论。

七、实训项目

（一）任务1实训项目：正确使用企业采购绩效测评表

1. 实训目的

通过本次实训，使学生掌握采购绩效指标体系的构建方法，全面地评价企业采购工作。同时也使学生了解采购绩效评价的基本程序。

2. 实训内容和要求

由教师提供某企业采购部门的工作绩效，或是由学生到企业的采购部门进行调研所获取的资料。学生根据企业的实际采购工作情况，结合本单元所学的内容，填写“采购工作绩效测评表”，对不良采购绩效进行原因分析，提出改进措施。

“采购工作绩效测评表”见教材P206～209表6－2；“采购绩效改进表”见表3－46。

表3－46　　采购绩效改进表

被考核者		所在职位		所属部门	
评估期间绩效未符合工作标准的事实描述					
原因分析					
改善目标及措施					
改进措施记录					
改进效果评价及后续措施					
被考核者签字		直接主管签字		部门经理签字	

3. 实训组织

（1）全班分成若干组（每组4～5人为宜），每组指定专人负责。

（2）在教师的指导下，到企业进行调查，调查企业采购工作的开展情况及其成果以及以往的评价方式及过程。

（3）以小组为单位整理调查资料，对企业的采购评价工作进行分析，提出新的方案。

(4) 组织全班交流，教师对各组提交的方案进行点评。

4. 实训考核

(1) 各组根据调查结果能够正确填写“采购工作绩效测评表”，并写出分析报告。

(2) 依据填写表格和分析报告的质量对学生进行考核，“考核标准”见表3-47。

表3-47　　考核标准

考核等级 考核指标	好	一般	差
实践准备 (20分)	能够通过各种渠道（尤其是互联网）对调查的内容进行精心准备	能够事先对调查的内容进行准备但是不够充分	无准备
运用知识 (20分)	能够熟练、自如地将所学的知识用于实际，解决实际问题	基本能够将所学知识用于实际	不能将所学的知识用于实际
分析报告质量 (30分)	调研报告结构完整、正确，论据充分，分析准确、透彻	调研报告基本完整，能够根据调查的实际情况进行分析	调研报告不完整，分析缺乏个人观点
学习态度 (30分)	热情高，干劲足，态度认真，能够出色完成任务	有一定的热情，基本能够完成任务	敷衍了事，不能完成任务

(二) 任务2实训项目：正确使用企业人员绩效测评表

1. 实训目的

通过本次实训，使学生正确掌握采购人员绩效考核表，掌握对采购人员绩效考核方法，同时也使学生了解采购人员绩效考核的基本程序。

2. 实训内容和要求

由教师提供某企业采购人员的工作绩效，或是由学生到企业采购部门进行调研，收集采购人员工作的原始资料。学生根据企业的实际采购工作情况，结合本单元所学的内容，填写“采购人员绩效测评表”。并根据测评结果写出分析报告。

“采购人员绩效测评表”见教材P217 表6-9；“绩效考核申诉表”见表3-48。

表 3－48　　绩效考核申诉表

<table>
<tr><td>申诉人</td><td></td><td>所在岗位</td><td></td><td>所在部门</td><td></td><td>申诉日期</td><td></td></tr>
<tr><td>申诉理由</td><td colspan="7"></td></tr>
<tr><td rowspan="2">意见处理或建议</td><td colspan="7"></td></tr>
<tr><td colspan="2">受理人签字</td><td colspan="2"></td><td colspan="2">受理时间</td><td></td></tr>
<tr><td>处理结果</td><td colspan="7"></td></tr>
<tr><td>申诉人对申诉处理的意见</td><td colspan="7"></td></tr>
</table>

“考核结果的运用”见表 3－49。

表 3－49　　考核结果的运用

等级	等级定义	分级	结果运用
A	杰出	90～100 分	薪酬上调 3 个等级或升职 1 级
B	优秀	80～90 分	薪酬上调 2 个等级
C	中等	70～79 分	薪酬上调 1 个等级
D	需提高	60～69 分	薪酬保持不变
E	差	60 分以下	减少 5% 的工资

3. 实训组织

（1）全班分成若干组（每组 4～5 人为宜），每组指定专人负责。

（2）在教师的指导下，到企业进行调查，调查企业采购工作的开展情况及其成果以及以往的评价方式及过程。

（3）以小组为单位整理调查资料，对企业的采购评价工作进行分析，提出新的方案。

（4）组织全班交流，教师对各组提交的方案进行点评。

4. 实训考核

（1）各组根据调查结果能够正确填写“采购工作绩效测评表”，并写出分析报告。

（2）依据填写表格和分析报告的质量对学生进行考核，考核标准见表 3－50。

表 3－50　　　　考核标准

考核等级 考核指标	好	一般	差
实践准备 （20 分）	能够通过各种渠道（尤其是互联网）对调查的内容进行精心准备	能够事先对调查的内容进行准备但是不够充分	无准备
运用知识 （20 分）	能够熟练、自如地将所学的知识用于实际，解决实际问题	基本能够将所学知识用于实际	不能将所学的知识用于实际
分析报告质量 （30 分）	调研报告结构完整、正确，论据充分，分析准确、透彻	调研报告基本完整，能够根据调查的实际情况进行分析	调研报告不完整，分析缺乏个人观点
学习态度 （30 分）	热情高，干劲足，态度认真，能够出色完成任务	有一定的热情，基本能够完成任务	敷衍了事，不能完成任务

八、典型案例

案例 1　中集集团对采购部门的绩效考核

从企业的角度看，要做好采购工作，从采购价格和供应商处要效益，做好供应商的考核和评价工作，还要做好采购部门的绩效考核工作，通过制定可测的、挑战性的考核指标，来监督采购部门以及采购人员的业绩，促使他们不断改进。中集集团非常注重对采购部门及采购人员的业绩考核，并在总部和各下属公司形成了一套较完善的考核体系，并从以下两方面对采购部门及人员进行考核。

1. 运用业绩考核工具

中集集团会根据原材料重要程度、价格可节约程度以及对生产保障的影响程度等制定相应的考核指标，并采取部门考核和采购人员个人考核相结合的方式，对采购部门和采购人员进行考核。

以统购材料（钢材）为例，有如下考核指标：

（1）资源保障率＝年度采购总量/年度箱单总耗量×100％。

（2）材料市场走势判断准确；对材料市场的趋势判断与市场走势是否一致。

（3）经营性采购效益＝（市场年度均价－集团年度采购均价）×集团年度采购总量。

（4）市场年度均价＝以前 n 位主要采购商年度平均价格。

（5）集团年度采购均价。

2. 运用内部看板工具

中集集团业绩管理的一个亮点就是"绩效看板"。无论是统购材料还是非统购材料，中集集团都建立了入库价格看板和材料成本价看板，这样对于总部来说，可以清楚地了解各下属公司的材料采购情况及价格差异；对于下属公司来说，通过看板中的采购价格和其他兄弟公司作比较，可以便捷地发现自己的价格优势和劣势，从而进一步分析原因，并予以改进。

案例2 对采购人员的绩效考核

"我明明知道采购员们收取好处费，可是我既没有办法查，也没法管。因为这一切都是在私下进行的，而且普遍存在。"很多国内企业管理者对人为造成的采购中的腐败行为深感痛恨却又束手无策，因为这些行为都是隐蔽的。采购中的腐败行为不仅侵蚀着企业的利益，而且对整个企业文化会造成破坏性的影响。

在跨国公司，考核制度、企业文化和采购制度建设是限制采购人员腐败的三种主要手段，这些做法值得国内企业借鉴。在采购管理中好的绩效考核可以达到这样的效果：采购人员主观上必须为公司的利益着想，客观上必须为公司的利益服务，没有为个人牟利的空间。

如何对采购人员进行绩效考核？跨国公司有许多成熟的经验可以借鉴，其中的精髓是量化业务目标和等级评价。在考核中，跨国公司交替运用两套指标体系，即业务指标体系和个人素质指标体系。

业务指标体系主要包括：采购成本是否降低？卖方市场条件下是否维持了原有的成本水平？采购质量是否提高？质量事故造成的损失是否得到有效的控制？供应商的服务是否增值？采购是否有效地支持了其他部门，尤其是生产部门？采购管理水平和技能是否得到提高？当然，这些指标还可以进一步细化，如采购成本可以细化为购买费用、运输成本、废弃成本、订货成本、期限成本、仓储成本等。

把这些指标一一量化，并同上一个半年的相同指标进行对比所得到的综合评价，就是业务绩效。应该说，这些指标都是硬性的，很难加以伪饰，所以这种评价有时显得很"残酷"，那些只会搞人际关系而没有业绩的采购人员这时就会"原形毕露"，评估的结果当然就不会如其所愿。在评估完成之后，跨国公司会把员工划分成若干个等级，或给以晋升、奖励，或维持现状，或给以警告或辞退。可以说，这半年一次的绩效考核与员工的切身利益是紧密联系在一起的。

对个人素质的评价相对就会灵活一些，因为它不仅包括现有的能力评价，还包括进步的幅度和潜力。主要内容则可能包括：谈判技巧、沟通技巧、合作能力、创新能力、决策能力。这些能力评价都是与业绩的评价联系在一起的，主要是如何进一步在业绩表现中提高自己。

国内企业也进行绩效考核，但是，这些考核有些流于形式。其缺陷就是没有量化的指标和能力评价，考核时也不够严肃，绩效考核是减少采购腐败主观因素的法宝。

九、社会实践——采购绩效评价方案设计

1. 社会实践目的

（1）了解企业采购绩效评价的作用和意义。

（2）掌握采购绩效评价的步骤和方法以及绩效评价的标准和指标体系。

（3）能够正确运用各种指标对采购绩效进行正确的评价。

（4）能够提出改进采购绩效的方法。

（5）不断培养增强学生的分析能力、组织能力、沟通能力、团队协作精神等。

2. 社会实践组织

（1）知识准备：采购绩效评估的方法、步骤、指标体系。

（2）学生分组：每个小组人数以4~6人为宜，小组中要合理分工，每组选出一位小组长。

（3）实训地点：产学研合作单位、教学基地或自主选择调查企业。

3. 社会实践要求

（1）分析与采购相关的人员以及物料采购绩效方面的内容，了解企业采购部门如何进行采购绩效的评价。

（2）在调查过程中，应尽量与被调查采购部门的需要不冲突，教师可以予以指导、调控。

（3）对所收集的采购绩效评价方面的资料进行分析、讨论，并能依据各种指标对所调查采购部门的绩效情况进行恰当的评价，最后观察能否进一步改进采购活动。

（4）在教师统一指导下，对有关采购部门（如超市）进行调查，了解采购绩效方面的相关资料，并以小组为单位组织研讨、分析，在充分讨论基础上，形成小组的课题报告。

4. 社会实践报告

在通过实地调查获得相关资料后，以小组为单位完成调查报告。调查报告题名为：某企业采购绩效管理和评估方法的调查报告，报告中应包含以下内容。

（1）调研时间、调研企业。

（2）分析与采购相关人员以及物料采购绩效方面的内容，了解企业采购部门如何进行采购绩效的评价。

（3）对所收集的采购绩效评价方面的资料进行分析、讨论，并能够依据各种指标对所调查采购部门的绩效情况进行恰当的评价，最后观察能否进一步改进采购。

（4）在小组讨论的基础上，形成小组的课题报告。

第四部分　采购电子表单

采购计划表

No.

序号	名称	规格	物资采购厂家	单位	计划数	库存数	采购数	要求到货日期	备注

编制部门：________________　　　　批准：________________

用料计划表

材料编号	材料名称	材料规格	3月底库存		4月				5月				6月				7月			
			仓库	验收前	已够未入量	总存量	计划用量	本月底结存	已够未入量	总存量	计划用量	本月底结存	已够未入量	总存量	计划用量	本月底结存	已够未入量	总存量	计划用量	本月底结存

注：1. 安全存量为半个月的计划用量。

2. 7月的计划请购量，若购运时间为三个月，则必须在4月下订单。

采购数量计划表

每日耗用数量：

供应商	本日存货		本日存货耗用期限	订购日期	I/L申请日期	L/C开出日期	装船			船到入库后总存量
	日期	数量					吨	开船日期	抵达日期	

采购预算表

制表部门：　　　　　　　　　　　　　预算期间：　　　　　　　　　　　　　单位：元

物品名称及规格	单位	单价	生产需用量	本月末计划库存量	上月末库存量	预计采购量	预计采购金额	预计本期支付采购资金	预计支付前欠货款	预计支付本期货款

审批：　　　　　　　　　　　　　　　　　制表人：

采购申请单

请购部门		请购日期		交货地点		单据号码	

项次	物料编号	品名	规格	请购数量	库存数量	需求日期	需求数量	单位	技术协议及要求

<table>
<tr><td rowspan="3">会签说明</td><td rowspan="3"></td><td colspan="2">采购部门</td><td colspan="3">请购部门</td></tr>
<tr><td>主管</td><td>经办</td><td>批准</td><td>主管</td><td>申请人</td></tr>
<tr><td></td><td></td><td></td><td></td><td></td></tr>
<tr><td>分单</td><td colspan="6">第一联：采购单位（白），第二联：财会部（红），第三联：请购单位（蓝）。</td></tr>
</table>

采购变更审批表

编号：　　　　　　　　　　　　　　　　　　　　　　　申请日期：　　年　　月　日

<table>
<tr><td>申请部门</td><td colspan="3"></td></tr>
<tr><td>变更内容概述</td><td colspan="3"></td></tr>
<tr><td>原采购请购单编号</td><td></td><td>原采购审批表编号</td><td></td></tr>
<tr><td>变更金额</td><td></td><td>变更采购方式</td><td></td></tr>
<tr><td>部门经理意见</td><td colspan="3"></td></tr>
<tr><td>采购经办人意见</td><td colspan="3"></td></tr>
<tr><td>采购经理意见</td><td colspan="3"></td></tr>
<tr><td>财务经理意见</td><td colspan="3"></td></tr>
<tr><td>主管副总经理意见</td><td colspan="3"></td></tr>
<tr><td>总经理意见</td><td colspan="3"></td></tr>
<tr><td>批复文号</td><td></td><td>是否通过审批</td><td>□是　□否</td></tr>
<tr><td>附件</td><td colspan="3"></td></tr>
</table>

制表人：　　　　　　　　　　　　　　　　　电话：

采购开发周期表

编号：________ 修订日期：________ 部门：________ 编制日期：________

项次	品 名	规格品 采购周期	正常品 采购周期	新产品 采购周期	最 少 采购数量	备 注
说明事项	规格品：系指供应厂商备有该项零配件及物料之备用品，此项规格品须事先恰询厂商，确认有备用品后始可依据规格品采购周期之采购日期进行采购； 正常品：系指供应厂商无备有该项零配件及物料之备用品，此项正常品须依正常品采购周期之采购日期进行采购； 新产品：系指供应厂商无备有该项零配件及物料之规格品、正常品，此项新产品须依据新产品开发周期之采购日期进行采购。					

编制： 审核： 批准： 表单编号：

请购单

请购单位：　　　　　　　　　　　　　　　　　　请购日期：　　年　　月　　日

料号	品　名	规　格	单位	数　量	需求日期
用途说明					
会计		采购		主管	

备注：请于需求日前三日填写本单以利作业。

临时采购申请单

No.

<table>
<tr><td>申请部门</td><td></td><td>申购人</td><td></td><td>申购日期</td><td></td></tr>
<tr><td>申购物资品名</td><td colspan="3"></td><td>数　　量</td><td></td></tr>
<tr><td colspan="6">申购原因：</td></tr>
<tr><td colspan="6">审批意见：

签名：　　　　　　　　日期：</td></tr>
</table>

采购订单

采购申请部门			申请日期					单据号码	
供应厂商名称			交货地点					请购单号	
项次	料号	品名	规格	数量	单位	单价	总价	交货日期	技术协议及要求
采购部	经办		总经理批准			合计	税前金额		
	科长						税额		
	经理						税后金额		

采购进度控制表

年　　月　　日

序号	采购单号	品名	型号/规格	订货量	计划交期	实际交货状况						
						日期	数量	日期	数量	日期	数量	备注

采购电话记录表

序号	采购日期	供应商	采购物料名称	数量/规格型号	要求交期	使用部门	采购人	备注

物料订购跟催表

分类：__________　　　　　　　　　　跟催员：__________

订购日	订购单号	料号（规格）	数量	单价	总价	供应商（编号）	计划进料日	实际进料日		
								1	2	3

到期未交货物料一览表

签约日期	合同编号	物料名称及规范	数量	单位	约定交货日期	备注
本单一式三联：一联送供应商，一联送仓库转请购部门，一联留采购主管存查						

采购订单进展状态一览表

序号	物料									订单状态												物料入库数量总和	备注
										供应商一						供应商二							
	物料编码	名称	型号描述	年需求量	单位	开始日期	完成日期	订单计划编号	订单经办人员	选择	订单合同	跟踪	检验	接收入库	付款	选择	订单合同	跟踪	检验	接收入库	付款		

采购追踪记录表

编号	请购单						报价供应商及价格	订购单							验收		
	请购总号	发出日期	收到日期	品名规格	数量	需要日期		日期	编号	数量	单价	金额	交货日期	供应商	日期	数量	检验情形

备注：

交期控制表

月　日至　月　日

预定交期	请购日期	请购单号	物品名称	数量	供应供应商	单价	验收	日期	延迟日数

备注：

来料检验日报表

年 月 日

来料检验报告汇总								
供应商								
检验批数								
不合格批								
不良率								
……								

批退报表汇总							
物料异常报告编号	料号	品名规格	批量	不良率	不良原因	供应商	处理结果

不合格通知单

编号： 填表日期： 年 月 日

供应商			交验日期				
物料名称			料 号				
交验数量			检验日期				
抽样数量			检验结果				
不良情形及简图							
处理意见							
呈核		经理		审核		检验	
重检流程及不良统计							
改善对策							
品管确认		主管		审核		填表	

损失索赔通知书

NO.________

________公司：

本公司于　　年　月　日向贵公司采购之下列货品：________________，因贵公司产品　□品质不良　□交期延迟，造成本公司蒙受________元的损失，兹检附：□损失计算表　份；□品质检验报告　份；□本公司客户索赔函复印本　份，连同原采购合约复印本共　份，望贵公司给予谅察赔偿，其赔偿金额，敬请贵公司同意。

□由其他货款中扣除

□以现金支付

顺颂

商祺！

__________有限公司

采购部

年　月　日

比价、议价记录单

日期：　　年　月　日

料号			品名			
规格			单位			
厂商名称	原询单价	议价后单价	议价后总价	付款条件	交货日期	交运方式
备注						

承办人：　　　　　　　　主管：　　　　　　　　核准：

供应商产品直接比价表

图纸编号：　　　　　　产品名称：　　　　　　填表日期：

项目＼供应商名称								
单　位								
报价时间								
计算原材料单价								
成品重量								
税别								
报审价格								
意见　采用 √								
意见　不采用 ×								

批　准：　　　　　　审　核：　　　　　　拟　制：

价格变动原因报告表

<table>
<tr><td colspan="2">请购部门</td><td colspan="2"></td><td colspan="2">请购单编号</td><td></td></tr>
<tr><td>品名</td><td></td><td>规格</td><td colspan="2"></td><td>数量</td><td></td></tr>
<tr><td rowspan="5" colspan="2">价格记录</td><td colspan="2">供应商</td><td colspan="2">原单价</td><td>现单价</td></tr>
<tr><td colspan="2"></td><td colspan="2"></td><td></td></tr>
<tr><td colspan="2"></td><td colspan="2"></td><td></td></tr>
<tr><td colspan="2"></td><td colspan="2"></td><td></td></tr>
<tr><td colspan="2"></td><td colspan="2"></td><td></td></tr>
<tr><td colspan="2">价格变动原因</td><td colspan="5"></td></tr>
<tr><td colspan="2">备注</td><td colspan="5"></td></tr>
<tr><td colspan="4">采购经理审核意见：

签名：
日期：</td><td colspan="3">总经理审核意见：

签名：
日期：</td></tr>
</table>

采购成本汇总表

物料		采购地区		价格		进口费用	运输费用		取得成本		付款条件与方式
名称	代码	国别	供应商	内销	外销		金额	方式	内销	外销	

采购成本差异汇总表

材料名称	数量	材料价格			各种费用合计			总成本合计		
		估计	实际	差异（%）	估计	实际	差异（%）	估计	实际	差异（%）

填表人：　　　　　　　　　　　　　　日期：

采购成本比较表

项目		本月		上月		本年累计		上年累计	
		金额	占总成本的比例（%）	金额	占总成本的比例（%）	金额	占总成本的比例（%）	金额	占总成本的比例（%）
原材料									
辅助材料									
其他物料									
采购费用支出									
成本合计									

供应商资料一览表

填表日期：

公司全称		企业性质	
公司地址			
电话		传真	
法人		联络人	
E－mail		网址	
资本总额		产业类别	
交货方式		月均产值	
管理人员		税别	
普通员工人数			
主要加工设备及数量			
主要检测设备及数量			
主要供应产品		生产周期	
日产能		通过认证	
检验标准		出厂电镀标准	

供应商问卷调查表

供应商名称：　　　　　　　　　　　　　　　　　　　　　　　　年　月　日

项目	调查项目内容	了解程度状况
材料零件确认	1. 您对开发部门样品确认流程是否了解	□了解 □不了解 □请求当面沟通了解
	2. 您对本公司开发部门认定的材料交货依据的规格及样品是否了解	□了解 □不了解 □请求当面沟通了解
	3. 您对开发部门认可的样品是否有保留，以作后续品质管理之用	□有保留 □未保留 □请求当面沟通了解
品质验收管制	1. 您对本公司品管部质检标准与方法是否了解	□了解 □不了解 □请求当面沟通了解
	2.	
	3.	
采购合同	1. 贵公司目前产量足以应付本公司需求吗	□可以 □不可以 □需设法弥补
	2.	
	3.	

续 表

<table>
<tr><th>项目</th><th>调查项目内容</th><th>了解程度状况</th></tr>
<tr><td rowspan="3">请款流程</td><td>1. 您对本公司的付款条件、手续是否了解</td><td>□了解
□不了解
□请求当面沟通了解</td></tr>
<tr><td>2.</td><td></td></tr>
<tr><td>3.</td><td></td></tr>
<tr><td rowspan="3">售后服务</td><td>1. 您对品质有疑问时，会主动找哪一部门或主管</td><td>□品管
□开发
□采购
□总经理</td></tr>
<tr><td>2.</td><td></td></tr>
<tr><td>3.</td><td></td></tr>
<tr><td>建议事项</td><td colspan="2">您对本公司的建议事项</td></tr>
</table>

注：本表由供应商填写。

供方考察记录

表格编号：　　　　　　　　　　　　　　　　　　版本：

1	企业名称		记录人/日期	
2	负责人或联系人/电话：			
3	地址：		邮编：	
4	企业成立时间（查法人资格/执照）：			
5	主要产品：			
6	职工人数：			
7	年产量/年产值（万元）：			
8	生产能力：			
9	样机/样品/样件生产周期：			
10	生产特点：	成批生产□	流水线大量生产□	单台生产□

续 表

11	主要生产设备： 齐全、良好□ 基本齐全、尚可□ 不齐全□
12	国际标准名称/编号 国家标准名称/编号 行业标准名称/编号 企业标准名称/编号
13	工艺文件： 齐备□ 有一部分□ 没有□
14	有检验机构及检验人员，检测设备良好□ 只有兼职检验人员，检测设备一般□ 无检验人员，检测设备短缺，需外协□
15	测度设备校准情况： 有计量室□ 全部委外部计量机构□
16	主要客户（公司/行业）：
17	新产品开发能力： 能自行设计开发新产品□ 只能开发简单产品□ 没有自行开发能力□
18	国际合作经验： 外资企业□ 合资企业□ 与外资企业合作生产全部/部分产品□ 无对外合作经验□
19	职工培训情况： 经常、正规地进行□ 不经常开展培训□
20	是否经过产品或体系认证（具体内容）：

合格供应商名录

供应商名称	联系人	手机号码	电话号码	传真号码

核准	审核	制表

供应商供货情况历史统计表

<table>
<tr><td colspan="2">供货名称</td><td colspan="8"></td></tr>
<tr><td colspan="2">分承包方名称</td><td colspan="8"></td></tr>
<tr><td rowspan="2">序号</td><td rowspan="2">批送月份</td><td colspan="4">交货期信用记录</td><td colspan="2">交货质量状态记录</td><td>其他事项</td></tr>
<tr><td>合同数量（份）</td><td>依时完成数量（份）</td><td>尚未完成数量</td><td>完成合格率</td><td>验收合格（批）</td><td>验收不合格（批）</td><td>备注</td></tr>
<tr><td>1</td><td>年　月</td><td></td><td></td><td></td><td></td><td></td><td></td><td></td></tr>
<tr><td>2</td><td>年　月</td><td></td><td></td><td></td><td></td><td></td><td></td><td></td></tr>
<tr><td>3</td><td>年　月</td><td></td><td></td><td></td><td></td><td></td><td></td><td></td></tr>
<tr><td>4</td><td>年　月</td><td></td><td></td><td></td><td></td><td></td><td></td><td></td></tr>
<tr><td>5</td><td>年　月</td><td></td><td></td><td></td><td></td><td></td><td></td><td></td></tr>
<tr><td>6</td><td>年　月</td><td></td><td></td><td></td><td></td><td></td><td></td><td></td></tr>
<tr><td>7</td><td>年　月</td><td></td><td></td><td></td><td></td><td></td><td></td><td></td></tr>
<tr><td>8</td><td>年　月</td><td></td><td></td><td></td><td></td><td></td><td></td><td></td></tr>
<tr><td></td><td></td><td></td><td></td><td></td><td></td><td></td><td></td><td></td></tr>
<tr><td></td><td></td><td></td><td></td><td></td><td></td><td></td><td></td><td></td></tr>
<tr><td></td><td></td><td></td><td></td><td></td><td></td><td></td><td></td><td></td></tr>
<tr><td colspan="3">核准</td><td colspan="4">审核</td><td colspan="2">制表</td></tr>
</table>

A 级供应商交货基本状况一览表

分析日期：

序号	供应商名称	所属行业	交货批数	合格批数	特采批数	退货批数	交货评分

制表：　　　　　　　　　　　　　　　　审核：

供应商交货状况一览表

分析期间：　　　　年　月　日

供应商编号		供应商简称		所属行业	
总交货批次		总交货数量		合格率	
合格批数		特采批数		退货批数	

检验单号	交货日期	料号	名称	规格	交货量	计数分析	计量分析	特检	最后判定
	月 日								
	月 日								
	月 日								
	月 日								
	月 日								
	月 日								
	月 日								
	月 日								
	月 日								
	月 日								
	月 日								
	月 日								

制表：　　　　　　　　　　　　　　　　审核：

供应商跟踪记录表

表格编号：　　　　　　　　　　　　　　　　　　　版本：

日期	供应商编号	供应商名称	联系人	跟踪内容	跟踪结果	记录人

编制：　　　　　　　　　　　　　　　　　审核：

供应商异常处理联络单

自　　　　　　　　　　　　　　　　　　至
电话：　　　　　　　　　　　　　　　　E－mail：
日期：　　　　　　　　　　　　　　　　编号：

以下材料，请分析其不良原因，并拟订预防纠正措施及改善计划期限。

料号		品名		验收单号	
交货日期		数量		不良率	
库存不良品		制成在制品		库存良品	

异常现象

IQC 主管：　　　　　　　　检验员：

异常原因分析（供应商填写）：

确认：　　　　　　　　　　分析：

预防纠正措施及改善期限（供应商填写）
暂时对策：
永久对策：

审核：　　　　　　　　　　确认：

改善完成确认：

核准：　　　　　　　　　　确认：

说明：1. 该通知就被判定拒收或特别采用的检验批向供应厂商发出。
2. 供应厂商应限期回复。

供应商绩效考核分数表

采购材料：

评比项目	满分	评估分			
		供应商 A	供应商 B	供应商 C	供应商 D
价格	15				
品质	60				
交期交量	10				
配合度	10				
其他	5				
总分					
备注					

合格供应商资格取消申请表

<table>
<tr><td>厂商名称</td><td></td><td>代号</td><td></td><td>供应品名</td><td></td></tr>
<tr><td colspan="6">取消理由：</td></tr>
<tr><td>申请部门</td><td></td><td>申请人</td><td></td><td>日期</td><td></td></tr>
<tr><td colspan="6">相关部门意见：</td></tr>
<tr><td colspan="6">总经理意见：</td></tr>
<tr><td>结果</td><td colspan="3"></td><td colspan="2">生效日期：</td></tr>
</table>

样品质量评价表

编号： 日期： 年 月 日

供应商名称		地址	
联系人		电话/传真	
样品名称		数量	
型号规格			
检测部门			
检测标准			
检测结论			
检测报告号码			
用于何种产品			
试用部门			
试用情况			
评价结果			
评价部门工程师		主管	
经理签字		日期	

采购审查表

<table>
<tr><td rowspan="2">采购
目标</td><td rowspan="2">型号
规格</td><td rowspan="2">数量</td><td rowspan="2">技术
指标</td><td rowspan="2">单位</td><td rowspan="2">总价</td><td colspan="3">资金来源</td></tr>
<tr><td>预算内</td><td>预算外</td><td>其他</td></tr>
<tr><td></td><td></td><td></td><td></td><td></td><td></td><td></td><td></td><td></td></tr>
<tr><td></td><td></td><td></td><td></td><td></td><td></td><td></td><td></td><td></td></tr>
<tr><td></td><td></td><td></td><td></td><td></td><td></td><td></td><td></td><td></td></tr>
<tr><td></td><td></td><td></td><td></td><td></td><td></td><td></td><td></td><td></td></tr>
<tr><td></td><td></td><td></td><td></td><td></td><td></td><td></td><td></td><td></td></tr>
<tr><td></td><td></td><td></td><td></td><td></td><td></td><td></td><td></td><td></td></tr>
<tr><td></td><td></td><td></td><td></td><td></td><td></td><td></td><td></td><td></td></tr>
<tr><td></td><td></td><td></td><td></td><td></td><td></td><td></td><td></td><td></td></tr>
<tr><td></td><td></td><td></td><td></td><td></td><td></td><td></td><td></td><td></td></tr>
<tr><td></td><td></td><td></td><td></td><td></td><td></td><td></td><td></td><td></td></tr>
<tr><td></td><td></td><td></td><td></td><td></td><td></td><td></td><td></td><td></td></tr>
<tr><td>合计</td><td></td><td></td><td></td><td></td><td></td><td></td><td></td><td></td></tr>
<tr><td>金额
总计</td><td colspan="8"></td></tr>
<tr><td colspan="3">供应商签字：</td><td colspan="3">验收人签字：</td><td colspan="3">财务处签字：</td></tr>
</table>

采购验收过程一览表

<table>
<tr><th rowspan="2">编号</th><th rowspan="2">供应商名称</th><th rowspan="2">验收时 间</th><th rowspan="2">计划验收时间</th><th rowspan="2">目前状态</th><th rowspan="2">经办人</th><th rowspan="2">批复总金额</th><th colspan="4">已签合同</th></tr>
<tr><th>合同号</th><th>合同金额</th><th>已支付金额</th><th>存在问题</th></tr>
<tr><td rowspan="3"></td><td rowspan="3"></td><td rowspan="3"></td><td rowspan="3"></td><td rowspan="3"></td><td rowspan="3"></td><td rowspan="3"></td><td></td><td></td><td></td><td></td></tr>
<tr><td></td><td></td><td></td><td></td></tr>
<tr><td></td><td></td><td></td><td></td></tr>
<tr><td rowspan="3"></td><td rowspan="3"></td><td rowspan="3"></td><td rowspan="3"></td><td rowspan="3"></td><td rowspan="3"></td><td rowspan="3"></td><td></td><td></td><td></td><td></td></tr>
<tr><td></td><td></td><td></td><td></td></tr>
<tr><td></td><td></td><td></td><td></td></tr>
<tr><td rowspan="3"></td><td rowspan="3"></td><td rowspan="3"></td><td rowspan="3"></td><td rowspan="3"></td><td rowspan="3"></td><td rowspan="3"></td><td></td><td></td><td></td><td></td></tr>
<tr><td></td><td></td><td></td><td></td></tr>
<tr><td></td><td></td><td></td><td></td></tr>
<tr><td rowspan="3"></td><td rowspan="3"></td><td rowspan="3"></td><td rowspan="3"></td><td rowspan="3"></td><td rowspan="3"></td><td rowspan="3"></td><td></td><td></td><td></td><td></td></tr>
<tr><td></td><td></td><td></td><td></td></tr>
<tr><td></td><td></td><td></td><td></td></tr>
<tr><td>报告人</td><td colspan="6"></td><td colspan="2">报告日期</td><td colspan="2"></td></tr>
</table>

检验报告单

<table>
<tr><td colspan="2">订单编号</td><td colspan="4"></td><td colspan="2">供应商</td><td colspan="4"></td></tr>
<tr><td colspan="2">验收日期</td><td colspan="4"></td><td colspan="2">入库单位</td><td colspan="4"></td></tr>
<tr><td colspan="2">需求日期</td><td colspan="4"></td><td colspan="2">交货日期</td><td colspan="4"></td></tr>
<tr><td>件号</td><td>品名
规格</td><td>厂牌</td><td>单位</td><td>收货
数量</td><td>单价</td><td>金额</td><td>拒收
数量</td><td>拒收
数量
现状</td><td>本订
单未
交量</td><td>再交</td><td>不交</td></tr>
<tr><td></td><td></td><td></td><td></td><td></td><td></td><td></td><td></td><td></td><td></td><td></td><td></td></tr>
<tr><td></td><td></td><td></td><td></td><td></td><td></td><td></td><td></td><td></td><td></td><td></td><td></td></tr>
<tr><td></td><td></td><td></td><td></td><td></td><td></td><td></td><td></td><td></td><td></td><td></td><td></td></tr>
<tr><td></td><td></td><td></td><td></td><td></td><td></td><td></td><td></td><td></td><td></td><td></td><td></td></tr>
<tr><td></td><td></td><td></td><td></td><td></td><td></td><td></td><td></td><td></td><td></td><td></td><td></td></tr>
<tr><td colspan="2">合计</td><td colspan="6"></td><td colspan="4">打卡　（1）　（2）</td></tr>
<tr><td colspan="8">金额（大写）：</td><td colspan="2">发票号码</td><td colspan="2"></td></tr>
<tr><td colspan="2">使用单位</td><td colspan="3"></td><td>用途</td><td colspan="6"></td></tr>
<tr><td colspan="12">备注：</td></tr>
</table>

仓库主管：　　　　　　验收人员：　　　　　　检查人员：　　　　　　制单人员：

采购质量控制表

供应商		交易情况										
采购单号	物品名称	采购数量	发货批数	检验批数	批检检率	总抽检率	质量水平	A类不良品	B类不良品	C类不良品	退货记录	备注

审核：　　　　　　　　　　　　填写：

物料内容偏差处理一览表

记录人：　　　　　　　　　　　　　　记录时间：

供应商		合同编号	
处理时间		处理地点	
物料内容偏差描述	（内容较多可以附表）		
主要争议点			
偏差处理			
经办人	签字：　　　　日期：　　年　月　日		
主管领导审批意见	签字：　　　　日期：　　年　月　日		

退货单

退货单位：　　　　　　　　　　　　　　　　　　　年　月　日
订购单号：

编码	品名	规格	单位	数量	单价	金额	备注
合　计							
记账人		经办人		库管			

委外加工计划表

序号	物料名称	规格	加工工程	委外厂商	批量	日	日	日	日	日	日	备注

外协加工联系单

编号： 填表日期：

<table>
<tr><td>材料编号</td><td></td><td rowspan="2">加工厂商</td><td rowspan="2"></td><td>发货期限</td><td></td></tr>
<tr><td>材料名称</td><td></td><td>加工业别</td><td></td></tr>
<tr><td>加工事项</td><td colspan="5"></td></tr>
<tr><td>厂商</td><td></td><td>生产部</td><td></td><td>采购部</td><td></td></tr>
</table>

采购结算计划

部门		执行人		日期	
序号	结算项目	结算金额	收款单位资料	付款方式	备注

资金支出（采购）计划

填报部门：　　　　　　　　　　计划期间：　　　　　　　　　　单位：　元

序号	用于项目	金额	收款单位相关资料			付款方式
			单位全称	开户银行	银行账号	

填报人：　　　　采购经理：　　　　财务会签：　　　　主管领导：　　　　填报时间：

预付款申请表

申请部门		申请人	
付款类别	□ 订金（尚未开发票） □ 分批交货暂支款		
付款金额			
说明			

采购经理审核： 财务部： 总经理：

采购人员绩效比较表

单位：元

采购总金额	5月进料金额（价差）	6月进料金额（价差）	7月进料金额（价差）
采购员个别金额	5月进料金额（价差）	6月进料金额（价差）	7月进料金额（价差）
A采购员			
B采购员			
C采购员			
D采购员			
E采购员			
F采购员			
G采购员			

参考文献

[1] 骆建文．采购与供应管理［M］．北京：机械工业出版社，2009.

[2] 李锋，陈锦红．采购管理必备制度和表格［M］．北京：化学工业出版社，2009.

[3] 魏国辰，温卫娟，张莹．供应链管理与企业采购［M］．北京：中国发展出版社，2009.

[4] 张新颖．采购实务［M］．北京：机械工业出版社，2009.

[5] 邓明荣，冯毅．采购组织与绩效管理［M］．北京：中国物资出版社，2009.

[6] 彼得·贝利，大卫·法摩尔．采购原理与管理［M］．北京：电子工业出版社，2009.

[7] 胡军．采购与供应概论［M］．北京：中国物资出版社，2008.

[8] 陈达强，蒋长兵．采购与供应案例［M］．北京：中国物资出版社，2009.

[9] 赵道致．采购与供应管理［M］．北京：清华大学出版社，2008.

[10] 陈利民．采购管理实务［M］．北京：机械工业出版社，2010.

[11] 王静．采购人员岗位培训学习［M］．北京：人民邮电出版社，2008.

[12] 姜巧萍，梁华．采购与供应管理咨询工具箱［M］．北京：人民邮电出版社，2010.

[13] 周鸿．采购部规范化管理工具箱［M］．2 版．北京：人民邮电出版社，2010.